HISTORIA VERDADERA DE LA CONQUISTA DE LA NUEVA ESPAÑA

— Colección —
Grandes de la literatura

HISTORIA VERDADERA DE LA CONQUISTA DE LA NUEVA ESPAÑA

Bernal Díaz del Castillo

EMU *editores mexicanos unidos, s.a.*

D. R. © Editores Mexicanos Unidos, S. A.
Luis González Obregón 5, Col. Centro.
Cuauhtémoc, 06020, D. F.
Tels. 55 21 88 70 al 74
Fax: 55 12 85 16
editmusa@prodigy.net.mx
www.editmusa.com.mx

Diseño de portada: Mabel Laclau Miró
Portada: Carlos Varela
Formación y corrección: Equipo de producción de Editores Mexicanos Unidos, S. A.

Miembro de la Cámara Nacional
de la Industria Editorial. Reg. Núm. 115.

1a. edición: 2014

ISBN (título) 978-607-14-1120-4
ISBN (colección) 978-968-15-1294-1

ISBN 978-607-14-1120-4
9 786071 411204

Impreso en México
Printed in Mexico

Nota preliminar

Notando estado como los muy afamados cronistas antes que comiencen a escreber sus historias hacen primero su prólogo y preámbulo con razones y retórica muy subida para dar luz y crédito a sus razones, y yo, como no soy latino, no me atrevo a hacer preámbulo ni prólogo dello. Como buen testigo de vista, yo lo escrebiré, con el ayuda de Dios, muy llanamente, sin torcer a una parte ni a otra.

Prólogo

Bernal Díaz del Castillo, uno de los soldados a las órdenes de Hernán Cortés, ya en su etapa de madurez se propuso redactar como mejor pudo sus memorias de la conquista de México. Humildemente, en su nota preliminar, asume no ser un gran "latino"[1]. Pero Díaz del Castillo compensa su escasa preparación con referir los hechos "como buen testigo de vista". Y lo que consigue extraer de su pluma es un texto fresco, desenfadado y franco, es decir, sin los amaneramientos y retorcimientos de estilo del que pretende pasar por erudito.

Pero aunque promete referir los sucesos de la Conquista con veracidad ("sin torcer a una parte ni a otra"), se deja seducir por la literatura heroica de la época y pinta con rasgos hiperbólicos algunas personalidades y batallas. Y como la hipérbole aumenta al igual que disminuye el valor y/o la cantidad de lo que refiere, el autor multiplica el número de los enemigos para acrecentar el mérito de los españoles vencedores, o bien, minimiza el número y el valor de los aliados indígenas que contribuyeron a los éxitos militares de Cortés.

Hoy ofrecemos al lector este excelente compendio de la voluminosa obra del soldado cronista, en el cual se refiere lo fundamental de los hechos que culminaron con la victoria

---

[1] Latino: título que el vulgo daba en la Edad Media y parte del Renacimiento a los hombres cultos, pues todos ellos debían saber latín, la lingua franca europea, es decir, la que debía utilizarse en las relaciones entre las naciones europeas.

de Hernán Cortés sobre los mexicas y el establecimiento de lo que se denominaría la Nueva España. Así, viajamos con Bernal Díaz desde las costas de Yucatán hasta la gran Tenochtitlán, entramos en adoratorios indígenas bañados de sangre humana y nos maravillamos junto con el autor con muchos otros descubrimientos de las costumbres de culturas tan diferentes a las europeas.

El autor, quien nació en Medina del Campo, España, el mismo año del descubrimiento de América (1492), emprendió en 1514 el viaje a América. Pedro Arias Dávila dirigió aquella expedición con destino al territorio entonces llamado Castilla del Oro (el cual hoy comprende Costa Rica, Panamá y Colombia), pues había sido nombrado gobernador del mismo. El veinteañero y aventurero Bernal estuvo poco tiempo en Panamá, de donde se embarcó para Cuba. Ahí esperaba encontrar mayor fortuna al lado del gobernador de la Isla, Diego Velázquez. Este le prometió, en efecto, indios en encomienda, al igual que a muchos otros españoles, pero tal promesa no podía cumplirse por la terrible mortandad surgida entre los nativos, debido en parte a los trabajos forzados a los que se les sometía, y en buena medida también a las enfermedades traídas al Nuevo Mundo por los españoles.

En 1517, Diego Velázquez decidió enviar hombres a buscar esclavos a otras partes del Caribe. Fue así que Bernal vio por primera vez las costas del continente americano. Para ser precisos las de Yucatán, bajo las órdenes del capitán Francisco Hernández de Córdoba. Pero ese viaje fue desastroso.

El año siguiente volvió a viajar al continente, ahora a las órdenes de Juan de Grijalva, y en 1519 por fin exploró con mayor detenimiento las nuevas tierras comandado por Hernán Cortés. Tras ordenar éste "dar con los navíos al través", es decir, que los barrenaran hundirlos, y adentrarse en territorio azteca, el destino del tlatoani mexica estaba decidido. Dos años duró la cruenta guerra entre invasores e indígenas allegados a Moctezuma, pero al fin la urbe mexica fue invadida y con ello se derrumbó uno de los mayores imperios prehispánicos del continente americano.

Años después y tras muchos esfuerzos, Bernal Díaz del Castillo consiguió ser nombrado regidor de la ciudad de Guatemala, en honor a sus méritos como conquistador, y ya asentado en dicha ciudad y casado con Teresa Becerra, hija de otro conquistador que llegó a ocupar un importante cargo en aquella ciudad, se puso a escribir sus abundantes memorias sobre la campaña emprendida contra el imperio azteca. Era el año 1557. Su excelente memoria le permitió llenar cientos de hojas con datos en su mayoría precisos, a pesar de haber transcurrido 36 años desde la conquista de México. La redacción le llevó 18 años, es decir, la concluyó en 1575. Por entonces, quedaban vivos menos de 10 de los 550 hombres que salieron de Cuba con Cortés en 1519, y Bernal gustaba de rememorar junto con ellos los acontecimientos, para refrescar datos.

Mientras redactaba el capítulo XVIII, leyó *La conquista de México,* que Francisco López de Gómara escribió con base en lo que escuchó mientras fue huésped de Hernán Cortés en España, y también revisó el capítulo que trata de la conquista de la Nueva España incluido en la segunda parte de la historia pontificial y católica, de Gonzalo de Illescas, obras en las cuales descubre inexactitudes acerca del tema que él está tratando.

A partir de entonces, en buena medida, Bernal Díaz se empeñó en criticar y corregir a esos autores, que, no habiendo participado en hechos de armas, escribían sobre la dicha conquista tergiversando las cosas y no dando su justo crédito a los protagonistas. Gracias a ese carácter quisquilloso, que se demuestra incluso en el título de la obra: Historia verdadera..., tenemos una relación lo más fiel que humanamente es posible acerca de la época en que se fundieron dos culturas para originar una nueva nación.

SERGIO GASPAR MOSQUEDA

Capítulo I

Comienza la relación de la historia

Bernal Díaz del Castillo, vecino e regidor de la muy leal ciudad de Santiago de Guatemala, natural de la muy noble e insigne Villa de Medina del Campo, hijo de Francisco Díaz del Castillo, por lo que a mí toca y a todos los verdaderos conquistadores mis compañeros que hemos servido a Su Majestad en descubrir y conquistar la Nueva España y la muy nombrada y gran ciudad de Tenuztitlan, Méjico, que ansí se nombra, y otras muchas ciudades y provincias, que, por ser tantas, aquí no declaro sus nombres. Y después que las tuvimos pacificadas y pobladas de españoles, como muy buenos y leales vasallos servidores de Su Majestad somos obligados a nuestro rey e señor natural, con mucho acato se las enviamos a dar y entregar con nuestros embajadores a Castilla, y desde allí a Flandes, donde Su Majestad en aquella sazón estaba con su corte. Haré en esta relación quién fue el primero descubridor de la provincia de Yucatán, y cómo fuimos descubriendo la Nueva España, y quien fueron los capitanes y soldados que la conquistamos y poblamos... yo lo escribiré con la ayuda de Dios con recta verdad...

Y puesto que Dio s ha sido servido de me guardar de muchos peligros de muerte, y doy a Dios muchas gracias y loores por ello, para que diga y declare lo acaescido en las mesmas guerras, y, demás de esto, ponderen y piénsenlo bien los curiosos letores, que siendo yo en aquel tiempo de obra de veinte e cuatro años, desde el año de quinientos y catorce que vine de Castilla y comencé a melitar en lo de Tierra Firme y a descubrir lo de Yucatán y Nueva España. Y como mis antepasados y mi padre y un mi hermano siempre fueron servidores de la Corona Real y de los Reyes Católicos, don Fernando y doña Isabel, de muy gloriosa memoria, quise parecer en algo a ellos. Así que el viaje comenzó de la manera que diré.

Capítulo II

Cómo descubrimos la provincia de Yucatán

En ocho días del mes de febrero del año de mill y quinientos y diez y siete salimos de la Habana, donde viven unos indios como salvajes. Y doblada aquella punta y puestos en alta mar, navegamos a nuestra ventura hacia donde se pone el sol. Cuando nos acercábamos junto a tierra vimos venir diez canoas muy grandes, que se dicen piraguas, llenas de indios naturales de aquella poblazón. Y venían estos indios vestidos con camisetas de algodón como jaquetas, y cubiertas sus vergüenzas con unas mantas angostas, y tuvímoslos por hombres de más razón que a los indios de Cuba, porque andaban los de Cuba con las vergüenzas de fuera, eceto las mujeres. Los indios estaba diciendo en su lengua: "Cones cotoche, cones cotoche", que quiere decir: Andad acá, a mis casas. Por esta causa pusimos por nombre aquella tierra Punta de Cotoche. Entonces comenzó a dar voces el cacique para que saliesen a nosotros unos escuadrones de indios de guerra. En aquellas escaramuzas prendimos dos indios, que después que se bautizaron, se llamó el uno Julián y el otro Melchior, y entrambos eran trastabados de los ojos. Y lo que más pasó adelante lo diré.

Capítulo III

Cómo seguimos la costa adelante hacia el poniente, descubriendo puntas y bajos y ancones y arrecifes

Seguimos la costa adelante hacia el poniente. Creyendo que era isla, íbamos con muy gran tiento, de día navegando y de noche al reparo, y en quince días que fuimos desta manera vimos desde los navíos un pueblo, que en el nombre propio de indios se dice Campeche. Los nativos nos dijeron por señas que fuésemos con ellos a su pueblo, y lleváronnos a unas casas muy grandes, que eran adoratorios de sus ídolos y bien labradas de cal y canto, y tenían figurado en unas paredes muchos bultos de serpientes y culebras grandes y otras pinturas de ídolos de malas figuras, y alrededor de uno como altar, lleno de gotas de sangre, y en otra parte de los ídolos tenían unos como a manera de señales de cruces, y todo pintado, de lo cual nos admiramos como cosa nunca vista ni oída. Y según paresció, en aquella sazón habían sacrificado a sus ídolos ciertos indios para que les diesen victoria contra nosotros. Y desque los vimos de aquel arte, echamos a la mar, y vimos grandes escuadrones de indios sobre nosotros, tuvimos temor y acordamos con buen concierto de irnos a la costa. Vimos desde los navíos un pueblo, llámase este pueblo Potonchan.

Capítulo IV

De las guerras que allí nos dieron estando en las estancias y maizales por mí ya dichos

Vinieron por la costa muchos escuadrones de indios del pueblo de Potonchan (que ansí se dice), con sus armas de algodón que les daba a la rodilla, y arcos y flechas y lanzas y rodelas y espadas que parescen de a dos manos, y hondas y piedras, y con sus penachos. Dijimos unos soldados a otros que estuviésemos con corazones muy fuertes para pelear y encomendándolo a Dios y procurar de salvar nuestras vidas. Los indios guerreros nos cercaron por todas partes, y nos dan tales rociadas de flechas y varas y piedras tiradas con hondas, que hirieron sobre ochenta de nuestros soldados. A mí me dieron tres flechazos, y uno dellos fue bien peligroso, en el costado izquierdo, que me pasó lo hueco. Y viendo que no teníamos fuerzas para sustentarnos ni pelear contra ellos, acordamos con corazones muy fuertes romper por medio sus batallones y acogernos a los bateles que teníamos en la costa. Pero otro daño tuvimos: que como nos acogimos de golpe a los bateles y éramos muchos, no nos podíamos sustentar y íbanse a fondo. Con mucho trabajo quiso Dios que escapamos con las vidas de poder de aquellas gentes. Pues ya embarcados en los navíos, hallamos que faltaban sobre cincuenta soldados, con los dos que llevaron vivos, y cinco echamos en la mar de ahí a pocos días, que se murieron de las heridas y de gran sed que pasábamos. Y desque nos vimos en salvo de aquellas refriegas, dimos muchas gracias a Dios.

Capítulo V

Cómo acordamos de nos volver a la isla de cuba, y de los grandes trabajos que tuvimos hasta llegar al puerto de La Habana

Después que nos vimos en los navíos, dimos muchas gracias a Dios, y acordamos de nos volver a Cuba, y como estaban heridos todos los más de los marineros, dejamos un navío de menos porte en la mar, puesto fuego. Pues otro mayor daño teníamos, que era la gran falta de agua. Digo que tanta sed pasamos, que las lenguas y bocas teníamos hechas grietas de la secura. Desde a tres días vimos una ensenada que parecía ancón, y creímos hobiese río o estero que tenía agua. El estero era salado, y no había hombre que la pudiese beber, y unos soldados que la bebieron les dañó los cuerpos y las bocas. Y estuvieron los navíos seguros dos días y dos noches, y luego alzamos anclas y dimos velas para ir nuestro viaje a la isla de Cuba. Y el piloto Alaminos se concertó y aconsejó con los otros dos pilotos, que desde aquel paraje adonde estábamos atravesásemos a la Florida. Y en cuatro días que navegamos vimos la tierra de la mesma Florida, y lo que en ella nos acaeció diré adelante.

Capítulo VI

Cómo desembarcamos en la Bahía de la Florida veinte soldados con el piloto Alaminos a buscar agua, y de la guerra que allí nos dieron los naturales de aquella tierra, y de lo que más pasó hasta volver a La Habana

Llegados a la Florida, acordamos que saliesen en tierra veinte soldados, los que teníamos más sanos de las heridas, e yo fui con ellos e también el piloto Antón de Alaminos, que reconosció la costa y dijo que había estado en aquel paraje, con un Joan Ponce de León, y que allí les habían dado guerra los indios de aquella tierra y que les habían muerto muchos soldados, y que estuviésemos muy sobre aviso apercebidos. Y quiso Dios que topásemos buen agua, y con el alegría y por hartarnos della y lavar paños para curar los heridos estuvimos espacio de una hora. Entonces vimos venir al un soldado de los dos que habíamos puesto en vela, dando muchas voces diciendo: "Al arma, al arma, que vienen muchos indios de guerra por tierra y otros en canoas por el estero". Y traían arcos muy grandes y buenas flechas y lanzas; y se vinieron derechos a nos flechar, y hirieron luego seis de nosotros, y a mí me dieron un flechazo de poca herida. Después desta refriega pasada, nos volvimos a embarcar en los bateles, y dimos vela para la Habana, hasta que Nuestro Señor nos llevó al puerto de Carenas. Y desde aquel pueblo fuimos a Santiago de Cuba, donde estaba el gobernador, y me recibió de buena gracia; y de unas pláticas en otras me dijo que si estaba bueno para volver a Yucatán, y riéndome le respondí que quién le puso nombre Yucatán, que allá no le llaman ansí. Y dijo que los indios que trujimos lo decían.

Capítulo VII

Cómo Diego Velázquez, Gobernador de la isla de Cuba, ordenó de enviar una armada a las tierras que descubrimos

En el año de mill e quinientos y diez y ocho, viendo el gobernador de Cuba la buena relación de las tierras que descubrimos, que se dice Yucatán, acordó de enviar una armada, y para ella se buscaron cuatro navíos; los dos fueron de los tres que llevamos con Francisco Hernández, y los otros dos navíos compró el Diego Velázquez. Y entonces me mandó Diego Velázquez que viniese por alférez, y la instrucción que para ello dio el gobernador fue que rescatase todo el oro y plata que pudiese, y si viese que convenía poblar o se atrevía a ello, poblase, y si no que se volviese a Cuba. Y vino por veedor de la armada uno que se decía Peñalosa, y trujimos un clérigo, que se decía Joan Díaz, y los dos pilotos que antes habíamos traído, Antón de Alaminos, Camacho, y Joan Alvarez. Fuimos con los cuatro navíos a un puerto que se dice de Matanzas, que está cerca de la Habana vieja. Y desde allí se proveyeron nuestros navíos del cazabe y carne de puerco. Quiero decir por qué causa llamaban aquel puerto Matanzas, que antes que aquella isla de Cuba se conquistase, dio al través un navío en el que venían treinta personas españoles y dos mujeres, y para pasallos de la otra parte del río, vinieron muchos indios de la Habana con intención de matallos. Volvamos a mi relación. En ocho días del mes de abril del año de quinientos y diez y ocho años dimos vela, y en diez días doblamos la Punta de Guaniguanico, y dentro de diez días que navegamos vimos la isla de Cozumel. Y los naturales de aquel pueblo se habían ido huyendo desque vieron venir el navío a la vela, menos una india moza, que comenzó de hablar en la lengua de la de Jamaica, y dijo que todos los indios e indias de aquel pueblo se habían ido huyendo a los montes, de miedo. Y el capitán, como vio que la india sería buena mensajera, la llevó con nosotros, y seguimos nuestro viaje.

Capítulo VIII

Cómo fuimos a desembarcar a Chanpoton, y de la guerra que allí nos dieron y lo que más avino

Pues vueltos a embarcar, en ocho días llegamos en el paraje del pueblo de Chanpoton, que fue donde nos desbarataron los indios de aquella provincia, como ya dicho tengo en el capítulo que dello habla. Y los indios naturales se juntaron todos como la otra vez cuando nos mataron sobre cincuenta y seis soldados y todos los más salimos heridos, según memorado tengo, y a esta causa estaban muy ufanos y orgullosos, y bien armados a su usanza, que son arcos, flechas, lanzas tan largas como las nuestras y otras menores, y rodelas y macanas, y espadas como de a dos manos, y piedras y hondas y armas de algodón, y trompetillas y atambores, los más dellos pintadas las caras de negro y otros de colorado y blanco, y puestos en concierto, esperando en la costa para en llegando que llegásemos a tierra dar en nosotros. Y como teníamos experiencia de la otra vez, llevábamos en los bateles unos falconetes e íbamos apercebidos de ballestas y escopetas. Pues llegados que llegamos a tierra nos comenzaron a flechar, y con las lanzas dar a manteniente, y aunque con los falconetes les hacíamos mucho mal, tales rociadas de flechas nos dieron, que antes que tomásemos tierra hirieron a más de la mitad de nuestros soldados. En aquellas escaramuzas prendimos tres indios: el uno dellos era principal. Estuvimos en aquel pueblo tres días. Dejemos esto, y pasemos adelante, y digamos cómo luego nos embarcamos y seguimos nuestra derrota.

Capítulo IX

Cómo seguimos nuestro viaje y entramos en un río muy ancho y grande, que le pusimos Boca de Términos, y por qué entonces le pusimos aquel nombre

Yendo por nuestra navegación adelante, llegamos a una boca como de río muy grande y caudaloso y ancho, y no era río, como pensamos, sino muy buen puerto, le pusimos nombre de Boca de Términos, y ansí está en las cartas de marear. Y allí saltó el capitán Joan de Grijalba en tierra, y estuvimos tres días sondando la boca de aquella entrada y no hallamos ser isla, sino ancón y muy buen puerto. Y había en tierra unas casas de adoratorios de ídolos, de cal y canto, y muchos ídolos de barro, y de palo y piedra, que eran dellos figuras de sus dioses y dellos de sus como mujeres. Y había mucha caza de venados y conejos, y matamos diez venados con una lebrela y muchos conejos. Y luego desque todo fue visto y sondado, nos tornamos a embarcar, y allí se nos quedó la lebrela. Llaman los marineros a este puerto de Términos. Y vueltos a embarcar, navegamos costa a costa junto a tierra, hasta que llegamos a un río que llaman de Tabasco, que allí le pusimos nombre río de Grijalba.

Capítulo X

Cómo llegamos al río de Tabasco, que llaman de Grijalba, y lo que allí nos avino

Navegando costa a costa la vía del Poniente, a cabo de tres días vimos una boca de río muy ancha. Aqueste río se llama de Tabasco, e como lo descubrimos deste viaje y el Joan de Grijalba fue el descubridor, se nombra río de Grijalba, y ansí está en las cartas de marear. Llegábamos obra de media legua del pueblo, bien oímos el aderezarse para nos dar guerra. Y desque los vimos de aquel arte, estábamos para tiralles con los tiros y con las escopetas, y quiso Nuestro Señor que acordamos de los llamar; se les dijo que no hobiesen miedo, e que les queríamos dar de las cosas que traíamos. Y luego se les mostró sartalejos de cuentas verdes y espejuelos y diamantes azules. Y desque lo vieron parescía que estaban de mejor semblante, creyendo que eran chalchivíes, que ellos tienen en mucho. Entonces el capitán les dijo que veníamos de lejos tierras y éramos vasallos de un gran emperador que se dice don Carlos, y que ellos le deben tener por señor, y que a trueque de aquellas cuentas nos den comida y gallinas. Y respondieron dos dellos que darían el bastimento que decíamos y trocarían de sus cosas a las nuestras, y en lo demás que señor tienen, y que agora veníamos y sin conoscerlos ya les queríamos dar señor. Por lo que yo vi y entendí, en aquellas provincias e otras tierras de la Nueva España se usaba enviar presentes cuando se tratan paces. Y vinieron otro día sobre treinta indios, y entre ellos el cacique, y trujeron pescado asado y gallinas, y frutas de zapotes y pan de maíz, y unos braseros con ascuas y con sahumerios, y nos sahumaron a todos; y luego presentaron ciertas joyas de oro, y otras joyas como lagartijas, y tres collares de cuentas vaciadizas, y otras cosas de oro de poco valor, que no valían ducientos pesos, y dijeron que recibamos aquello de buena voluntad, y que no tienen más oro que nos dar; que adelante, hacia donde se pone el sol, hay mucho; y decían "Colua, colua" y "México, México", y nosotros no sabíamos qué cosa era Colua ni aun México. Y puesto que no valía mucho aquel presente que trujeron, tuvímoslo por bueno por saber cierto que tenían oro. Y el capitán Joan de Grijalba les dio gracias por ello, y cuentas verdes, y fue acordado de irnos luego a embarcar por acercarnos adonde decían que había oro.

Capítulo XI

Cómo seguimos la costa adelante, hacia donde se pone el sol, y llegamos al río que llaman de Banderas, y lo que en él pasó

Vueltos a embarcar, siguiendo la costa adelante, dende a dos días vimos un pueblo junto a tierra que se dice el Ayagualulco. Y andaban muchos indios de aquel pueblo por la costa, con unas rodelas hechas de concha de tortura que relumbran con el sol que daba en ellas, y algunos de nuestros soldados porfiaban que era de oro bajo. Y pusimos por nombre a este pueblo La Rambla. E yendo más adelante, costeando, vimos una ensenada, donde se quedó el río de Tonalá, que le posimos nombre de río de Santo Antón, y ansí está en las cartas de marear. Y navegando nuestra costa adelante, el capitán Pedro de Alvarado se adelantó con su navío y entró en un río que en nombre de indios se dice Papaloaba, y entonces le pusimos nombre río de Alvarado. Y luego navegamos hasta que llegamos en paraje de otro río, que le pusimos por nombre río de Banderas, porque estaban en él muchos indios con lanzas grandes y en cada lanza una bandera de manta grande rebolándola y llamándonos, lo cual diré siguiendo adelante cómo pasó.

Capítulo XII

Cómo llegamos en el paraje del río de Banderas y de lo que allí se hizo

Ya habrán oído decir en España algunos curiosos letores y otras personas que han estado en la Nueva España cómo Méjico es tan gran ciudad y poblada en el agua como Venecia; y había en ella un gran señor que era rey en estas partes de muchas provincias y señoreaba todas aquellas tierras de la Nueva España, que son mayores que dos veces nuestra Castilla. El cual señor se decía Montezuma, y tuvo noticia lo que nos acaescíó en la batalla de Cotoche y en la de Chanpoton, y supo que siendo nosotros pocos soldados y los de aquel pueblo y otros muchos confederados que se juntaron con ellos, les desbaratamos, y cómo entramos en el río de Tabasco, y, en fin, entendió que nuestra demanda era buscar oro. Y como supo que íbamos costa a costa hacia sus provincias, mandó a sus gobernadores que procurasen de trocar oro a nuestras cuentas, especial a las verdes, y también lo mandó para saber e inquirir más por entero de nuestras personas y qué era nuestro intento. Y lo más cierto era que les habían dicho sus antepasados que habían de venir gentes de hacia donde sale el sol, con barbas, que los habían de señorear. Agora sea por lo uno o por lo otro, estaban en posta y vela muchos indios del gran Montezuma. Y ansí cuando llegamos en tierra hallamos tres caciques, uno dellos era gobernador de Montezuma, y con muchos indios de su servicio. Y tenían allí gallinas de la tierra y pan de maíz, de lo que ellos suelen comer, y frutas que eran piñas y zapotes, que en otras partes llaman a los zapotes mameyes. Y estaban debajo de una sombra de árboles e puestas esteras en el suelo, y allí, por señas, nos mandaron asentar. Luego, el indio gobernador mandó a sus indios de que todos los pueblos comarcanos trujesen de las joyas de oro que tenían a rescatar, y en seis días que allí estuvimos trujeron más de diez y seis mill pesos en joyezuelas de oro bajo y de mucha deversidad de hechuras. Como vio el general que no traían más oro que rescatar y había seis días que estábamos allí y los navíos corrían riesgo, por ser travesía el Norte y Nordeste, nos mandó embarcar. Y llegamos a una isleta que es donde agora es el puerto de la Veracruz. Y diré adelante lo que allí nos avino.

Capítulo XIII

Cómo llegamos aquella isleta que agora se llama San Joan de Ulúa, e a qué causa se le puso aquel nombre, y lo que allí pasamos

Desembarcados en unos arenales, hallamos una casa de adoratorios, donde estaba un ídolo muy grande y feo, el cual le llamaban Tescatepuca. Y tenían sacrificados de aquel día dos mochachos, y abiertos por los pechos y los corazones, y sangre ofrescida aquel maldito ídolo. Y el general preguntó a un indio, que después de bautizarse se nombró Francisco, que por qué hacían aquello, y respondió que los de Ulúa los mandaban sacrificar; y como era torpe de lengua, decía: "Ulúa, Ulúa", y como nuestro capitán estaba presente y se llamaba Joan y era por San Juan de junio, pusimos por nombre a aquella isleta San Joan de Ulúa. Fue acordado que lo enviásemos a hacer saber al Diego Velázquez que nos enviase socorro, porque Joan de Grijalba muy gran voluntad tenía de poblar con aquellos pocos soldados que con él estábamos. Pues para hacer aquella embajada acordamos que fuese el capitán Pedro de Alvarado, y también se concertó que llevase todo el oro que se había rescatado, y ropa de mantas y los dolientes; y los capitanes escribieron al Diego Velázquez cada uno lo que les paresció. Agora diré cómo el Diego Velázquez envió en nuestra busca.

Capítulo XIV

Cómo Diego Velázquez, Gobernador de Cuba, envió un navío en nuestra busca, y lo que más le sucedió

Diego Velázquez envió un navío pequeño en nuestra busca y con ciertos soldados, y por capitán dellos a un Cristóbal de Olí. Y el Cristóbal de Olí, yendo su viaje en nuestra busca, en lo de

Yucatán, le dio un recio temporal, y se volvió a Santiago de Cuba. Y en esta sazón llegó el capitán Pedro de Alvarado a Cuba con el oro y ropa e dolientes y con entera relación de lo que habíamos descubierto. Los oficiales del rey estaban todos espantados de cuán ricas tierras habíamos descubierto, y como el Pedro de Alvarado se lo sabía muy bien platicar, diz que no hacía el Diego Velázquez sino abrazalle. Y si mucha fama tenían antes de ricas tierras, agora, con este oro, se sublimó mucho más en todas las islas y en Castilla.

Capítulo XV

Cómo fuimos descubriendo la costa adelante, hasta la provincia de Pánuco, y lo que pasamos hasta volver a Cuba

Después que de nosotros se partió el capitán Pedro de Alvarado para ir a la isla de Cuba, acordó nuestro general que fuésemos costeando y descubriendo todo lo que pudiésemos por la costa. Vimos las sierras que se dicen de Tuzla, las sierras de Tuzpa, la provincia de Pánuco y el río de Canoas. Y estando algo descuidados, vinieron de repente por el río abajo obra de veinte canoas muy grandes, llenas de indios de guerra, con arcos y flechas y lanzas, y de una rociada de flechas hirieron cinco soldados. Nosotros herimos más de la tercia parte de aquella gente, por manera que volvieron con sus canoas con la mala aventura por donde habían venido. Y luego fue acordado que diésemos la vuelta a la isla de Cuba, lo uno porque ya entraba el invierno y no había bastimentos, y el un navío hacía mucha agua. Y por estas causas dimos vuelta a dos velas, y entramos en el pueblo de Tonalá, questá una legua de allí, y muy de paz e trujeron pan de maíz y pescado y fruta, y con buena voluntad nos lo dieron. Y el capitán les hizo muchos halagos y les mandó dar cuentas verdes y diamantes. Luego nos embarcamos y vamos la vuelta de Cuba, y en cuarenta y cinco días llegamos a Santiago de Cuba. Agora diré cómo Diego Velázquez envió a España para que Su Majestad le diese licencia para rescatar y conquistar y poblar y repartir las tierras que hobiese descubierto.

Capítulo XVI

Cómo Diego Velázquez envió a España para que su Majestad le diese licencia para rescatar y conquistar y poblar y repartir la tierra desque estuviese de paz

Diego Velázquez envió un su capellán que se decía Benito Martín, hombre de negocios, a Castilla, con probanzas y cartas para don Joan Rodríguez de Fonseca, obispo de Burgos y arzobispo de Rosano, que ansí se nombraba, y para el Licenciado Luis Zapata, y para el secretario Lope de Conchillos, y les dio pueblos de indios en la mesma isla de Cuba. Y lo que enviaba a negociar el Velázquez era que le diesen licencia para rescatar y conquistar y poblar en todo lo que había descubierto. Y el Benito Martín que envió fue a Castilla y negoció todo lo que pidió y aun más cumplidamente, porque trujo provisión para que el Diego Velázquez que fuese adelantado de Cuba. Pero no vinieron tan presto los despachos que no saliese primero el valeroso Cortés con otra armada.

Capítulo XVII

De los borrones y cosas que escriben los cronistas Gomara e Illescas acerca de las cosas de la Nueva España

Estando escribiendo en esta mi corónica, acaso vi lo que escriben Gomara e Illescas y Jovio en las conquistas de Méjico y Nueva España, y desque las leí y entendí y vi de su policía y estas mis palabras tan groseras y sin primor, dejé de escrebir en ella, y estando presentes tan buenas historias, y con este pensamiento torné a leer y a mirar muy bien las pláticas y razones que dicen en sus historias. y desde el principio y medio ni cabo no hablan lo que pasó en la Nueva España, y desque entraron a decir de las grandes ciudades tantos números que dicen había de vecinos en ellas, que tanto se les da poner ochenta mill como ocho mill; pues de aquellas matanzas que dicen que hacíamos, siendo nosotros cuatrocientos cincuenta soldados los que andábamos en la guerra, harto teníamos que defendernos no nos matasen y nos llevasen de vencida, que aunque estuvieran los indios atados, no hiciéramos tantas muertes, en especial que tenían sus armas de algodón, que les cubrían el cuerpo, y arcos, saetas, rodelas, lanzas grandes, espadas de navajas como de a dos manos, que cortan más que nuestras espadas, y muy denodados guerreros.

Capítulo XVIII

Cómo vinimos con otra armada a las tierras nuevas descubiertas, y por capitán de la armada el valeroso y esforzado don Hernando Cortés, que después del tiempo andado fue Marqués del Valle, y de las contrariedades que tuvo para le estorbar que no fuese capitán

Después que llegó a Cuba el capitán Joan de Grijalba, visto el gobernador Diego Velázquez que eran las tierras ricas, ordenó de enviar una buena armada, muy mayor que las de antes, y para ello tenía ya a punto diez navíos en el puerto de Santiago de Cuba. Para ir aquel viaje hubo muchos debates y contrariedades, porque ciertos hidalgos decían que viniese por capitán un Vasco Porcallo. Andando las cosas, dos grandes privados del Diego Velázquez, Andrés de Duero, secretario del mesmo gobernador, e un Amador de Lares, contador de Su Majestad, hicieron secretamente compañía con un hidalgo que se decía Hernando Cortés, natural de Medellín. Y fue desta manera que concertasen estos privados del Diego Velázquez que le hiciesen dar al Hernando Cortés la capitanía general de toda la armada, y que partirían entre todos tres la ganancia del oro y plata y joyas de la parte que le cupiese a Cortés, porque secretamente el Diego Velázquez enviaba a rescatar y no a poblar, según después paresció por las instrucciones que dello dio.

Capítulo XIX

Cómo Cortés se apercibió en las cosas que convenían se despachar con el armada

Hernando Cortés comenzó a buscar todo género de armas, ansí escopetas, pólvora y ballestas. En aquella sazón estaba muy adeudado y pobre, puesto que tenía buenos indios de encomienda y sacaba oro de las minas; mas todo lo gastaba en su persona y en atavíos de su mujer. Y unos mercaderes amigos suyos, que se decían Jaime Tría y Jerónimo Tría e un Pedro de Jerez, le vieron con aquel cargo de capitán general, le prestaron cuatro mill pesos de oro y le dieron fiados otros cuatro mill en mercaderías sobre sus indios y hacienda y fianzas. Cortés escribió a todas las villas a sus amigos que se aparejasen para ir con él aquel viaje. De manera que nos juntamos en Santiago de Cuba, donde salimos con el armada, más de trecientos y cincuenta soldados. Y como Cortés andaba muy solícito en aviar su armada y en todo se daba mucha priesa, como la malicia y envidia reinaba en los deudos del Velázquez, questaban afrentados cómo no se fiaba el pariente ni hacía cuenta dellos y dio aquel cargo de capitán a Cortés, andaban murmurando del pariente Diego Velázquez y aún de Cortés.

Capítulo XX

De lo que Cortés hizo desque llegó a la Villa de la Trinidad, y de los soldados que de aquella salieron para ir en nuestra compañía. Y de lo que más le avino

Luego llevaron los más principales de aquella villa aposentar a Cortés y a todos nosotros entre los vecinos, y en las casas del hacer acato a Cortés, y después de muchas pláticas que tuvieron, le compró el navío y tocino y cazabe fiado, y se fue con nosotros. Ya teníamos once navíos, y todo se nos hacía prósperamente. Gracias a Dios por ello. Y estando de la manera que he dicho, envió Diego Velázquez cartas y mandamientos para que le detengan el armada a Cortés y le envíen preso, lo cual verán adelante lo que pasó.

Capítulo XXI

Cómo el gobernador Diego Velázquez envió en posta dos criados a la Villa de la Trinidad con poderes y mandamientos para revocar a Cortés el poder y no dejar pasar el armada y lo prendiesen y le enviasen a Santiago

Después que salimos de Santiago de Cuba con todos los navíos, dijeron al Diego Velázquez tales palabras contra Cortés, que le hicieron volver la hoja, porque le acusaban que iba alzado y que salió del puerto a cencerros tapados. Con mucha brevedad, envió dos mozos de espuelas, y escribió cartas a otros sus amigos y parientes para que en todo caso no dejasen pasar el armada, porque decía en los mandamientos que le detuviesen o que le llevasen preso, porque ya no era capitán y le habían revocado el poder y dado a Vasco Porcallo. Y como Cortés lo supo, habló al Ordaz y al Francisco Verdugo y a todos los soldados y vecinos de la Trinidad que le paresció que le serían contrarios y en favorescer las provisiones, y tales palabras y ofrescimientos les dijo, que les trujo a su servicio. Y escribió Cortés muy amorosamente al Diego Velázquez que se maravillaba de su merced de haber tomado aquel acuerdo, y que su deseo es servir a Dios y a Su Majestad y a él en su real nombre, y que le suplica que no oyese más aquellos señores sus deudos. Y luego mandó entender a todos los soldados en aderezar armas, y a los herreros que estaban en aquella villa que hiciesen casquillos, y a los ballesteros que desbastasen almacén e hiciesen saetas.

Capítulo XXII

Cómo el capitán Hernando Cortés se embarcó con todos los soldados para ir por la banda del Sur a la Habana, y envió otro navío por la banda del Norte, y lo que más le aconteció

Después que Cortés vio que en la villa de la Trinidad no teníamos en qué entender, apercibió a todos los soldados que allí se habían juntado para ir en su compañía. Y cuando llegó, todos los más de los caballeros y soldados que le aguardábamos nos alegramos con su venida, salvo algunos que pretendían ser capitanes, y cesaron las chirinolas. Y allí en la Habana comenzó Cortés a poner casa y a tratarse como señor. Y todo esto ordenado, nos mandó apercibir para embarcar, y que los caballos fuesen repartidos en todos los navíos; hicieron una pesebrera y metieron mucho maíz e hierba seca.

Capítulo XXIII

Cómo Diego Velázquez envió a un su criado, que se decía Gaspar de Garnica, con mandamientos y provisiones para que en todo caso se prendiese a Cortés y se le tomase el armada, y lo quesobrello se hizo

Diz questaba tan enojado el Diego Velázquez, que hacía bramuras, y decía al secretario Andrés de Duero, y al contador, Amador de Lares, que ellos le habían engañado por el trato que hicieron, y que Cortés iba alzado; y acordó de enviar a un su criado con cartas y mandamientos para la Habana a su teniente, que se decía Pedro Barba, y escribió a todos sus parientes questaban por vecinos en aquella villa, rogándoles muy afectuosamente que no dejen pasar aquella armada, y que luego prendiesen Cortés y se le enviasen preso a buen recaudo a Santiago de Cuba. Pues a todos los más que había escrito el Diego Velázquez, ninguno le acudía a su propósito, antes todos a una se mostraron por Cortés, y el teniente Pedro Barba muy mejor, y demás desto, los Alvarados, y el Alonso Hernández Puerto Carrero, y Francisco de Montejo, y Cristóbal de Olí, y Joan de Escalante, e Andrés de Monjaraz, y su hermano Gregorio de Monjaraz, y todos nosotros pusiéramos la vida por el Cortés. Y Cortés lo escribió al Velázquez con palabras tan buenas y de ofrescimientos, que lo sabía muy bien decir, e que otro día se haría a la vela y que le seria servidor.

Capítulo XXIV

Cómo Cortés se hizo a la vela con toda su compaña de caballeros y soldados para la isla de Cozumel, y lo que allí le avino

No hecimos alarde hasta la isla de Cozumel, mas de mandar Cortés que los caballos se embarcasen, y mandó a Pedro de Alvarado que fuese por la banda del Norte en un buen navío que se decía San Sebastián, y mandó al piloto que llevaba en el navío que le aguardase en la punta de San Antón para que allí se juntase con todos los navíos para ir en conserva hasta Cozumel. Y en diez días del mes de febrero año de mill e quinientos y diez y nueve años, después de haber oído misa, hicímonos a la vela. Y llegamos dos días primero que Cortés a Cozumel. Cuando llegó Cortés con todos los navíos, la primera cosa que hizo fue mandar echar preso en grillos al piloto Camacho porque no aguardó en la mar como le fue mandado. Y desque vio el pueblo sin gente y supo cómo Pedro de Alvarado había ido al pueblo, e que les había tomado gallinas y paramentos, dos indios, una india y otras cosillas de poco valor de los ídolos, y el oro medio cobre, mostró tener mucho enojo dello. Y reprendióle gravemente al Pedro de Alvarado, y le dijo que no se habían de apaciguar las tierras de aquella manera tomando a los naturales su hacienda. Y luego mandó traer los dos indios y una india que habíamos tomado, y con el indio Melchorejo, que llevamos de la punta de Cotoche, que entendía bien aquella lengua, les habló porque Julianillo, su compañero, ya se había muerto: que fuesen a llamar los caciques e indios de aquel pueblo e que no hobiesen miedo. Y les mandó volver el oro y paramentos y todo lo demás, y por las gallinas, que ya se habían comido, les mandó dar cuentas y cascabeles, y más dio a cada indio una camisa de Castilla.

Capítulo XXV

Cómo Cortés mandó hacer alarde de todo el ejército, y de lo que más nos avino

De ahí a tres días que estábamos en Cozumel, mandó hacer alarde para saber qué tantos soldados llevaba, y halló por su cuenta que éramos quinientos y ocho, sin maestres y pilotos y marineros, que serían ciento, y diez y seis caballos y yeguas: las yeguas todas eran de juego y de carrera; e once navíos grandes y pequeños, con uno que era como bergantín que traía a cargo un Ginés Nortes; y eran treinta y dos ballesteros, y trece escopeteros, que ansi se llamaban en aquel tiempo, y tiros de bronce, y cuatro falconetes, y mucha pólvora y pelotas; y esto desta cuenta de los ballesteros no se me acuerda muy bien, no hace al caso de la relación. No sé yo en qué gasto ahora tanta tinta en meter la mano en cosas de apercibimiento de armas y de lo demás, porque Cortés verdaderamente tenía gran vigilancia en todo.

Capítulo XXVI

Cómo Cortés supo de dos españoles que estaban en poder de indios en la punta de Cotoche, y lo que sobrello se hizo

Como Cortés en todo ponía gran diligencia, dijo que ventura estarían algunos españoles en aquella tierra, se lo preguntó a todos los principales, y todos a una dijeron que habían conocido ciertos españoles, y los tenían por esclavos unos caciques. Y díjoles Cortés que luego los fuesen a llamar. El cacique de Cozumel dijo a Cortés que enviase rescate para los amos con quien estaban que los tenían por esclavos, y ansí se hizo, que se les dio a los mensajeros de todo género de cuentas y una carta escrita por Cortés. A los dos días las dieron a un español que se decía Jerónimo de Aguilar, y desque la hobo leído y rescebido el rescate de las cuentas que le enviamos, él se holgó con ello y lo llevó a su amo el cacique para que le diese licencia, la cual luego se le dio para que se fuese a donde quisiese. Y caminó el Aguilar a donde estaba su compañero, que se decía Gonzalo Guerrero, quien le respondió: "Hermano Aguilar: Yo soy casado y tengo tres hijos, y tiénenme por cacique y capitán cuando hay guerras; íos vos con Dios, que yo tengo labrada la cara y horadadas las orejas. ¡Qué dirán de mi desque me vean esos españoles ir desta manera! E ya veis estos mis hijitos cuán bonicos son. Por vida vuestra que me deis desas cuentas verdes que traéis para ellos, y diré que mis hermanos me las envían de mi tierra." Y el Aguilar tornó a hablar al Gonzalo que mirase que era cristiano, que por una india no se perdiese el ánima, y si por mujer e hijos lo hacía, que la llevase consigo si no los quería dejar. Y por más que le dijo y amonestó, no quiso venir. Y desquel Jerónimo de Aguilar vido que no quería venir, se vino con los dos indios mensajeros adonde había estado el navío aguardándole, y desque llegó no le halló, que ya era ido. Donde lo dejaré, así de los marineros como esto del Aguilar, y nos íbamos sin el nuestro viaje hasta su tiempo y sazón. Y diré cómo venían muchos indios en romería aquella isla de Cozumel, porque, según paresció, había allí unos ídolos de muy disformes figuras. Y Cortés preguntó a Melchorejo que qué era aquello que decía aquel indio viejo, y supo que les pedricaba cosas malas. Y luego mandó llamar al cacique, y le dijo que si habían de ser nuestros hermanos que quitasen de aquella casa aquellos sus ídolos. Y se les dio a entender otras cosas santas y buenas; y que pusiesen una imagen de Nuestra Señora que les dio, y una cruz, y que siempre serían ayudados y ternían buenas sementeras, y se salvarían sus ánimas. Y los caciques respondieron que sus antepasados adoraban en aquellos dioses porque eran buenos, y que no se atrevían ellos hacer otra cosa, y que se los quitásemos nosotros, y veríamos cuánto mal nos iba de ello. Y luego Cortés mandó que los despedazásemos y echásemos a rodar unas gradas abajo, y ansí se hizo. Y luego se hizo un altar muy limpio donde pusimos la imagen de Nuestra Señora.

Capítulo XXVII

Cómo Cortés repartió los navíos y señaló capitanes para ir en ellos, y ansimismo se dio la instrucción de lo que habían de hacer a los pilotos, y las señales de los faroles de noche y otras cosas que nos avino

Cada navío tenía su piloto, Cortés llevaba la capitana y por piloto mayor, Antón de Alaminos, y las instrucciones por donde se habían de regir, y lo que habían de hacer. Y Cortés se despidió de los caciques y sacerdotes y les encomendó aquella imagen de Nuestra Señora y a la cruz, que la reverenciasen y tuviesen limpio y enramado, y dijeron que ansí lo harían; y trajéronle cuatro gallinas y dos jarros de miel, y se abrazaron. Y embarcados que fuemos, en ciertos días del mes de marzo de mill e quinientos y diez y nueve años dimos velas, y con muy buen tiempo íbamos a nuestra derrota; e aquel mismo día, a hora de las diez, dan desde una nao grandes voces, e capean y tiraron un tiro, para que todos los navíos que veníamos en conserva lo oyesen. Y como Cortés lo vio e oyó, ese mismo día volvimos al puerto donde salimos.

Capítulo XXVIII

Cómo el español questaba en poder de indios, (que) se llamaba Jerónimo de Aguilar, supo cómo habíamos arribado a Cozumel, y se vino a nosotros, y lo que más pasó

Cuando tuvo noticia cierta el español questaba en poder de indios que habíamos vuelto a Cozumel se alegró en gran manera y dio gracias a Dios, y mucha priesa en se venir él y los dos indios que le llevaron las cartas y rescate a se embarcar en una canoa; y dan tal priesa en remar, que en espacio de poco tiempo pasaron el golfete que hay de una tierra a la otra. Y mandó Cortés a Andrés de Tapia y a otros dos soldados que fuesen a ver qué cosa nueva era venir allí junto a nosotros. Y después que hobieron saltado en tierra, se vino el Tapia con el español adonde estaba Cortés, y Cortés desque los vio de aquella manera, preguntó al Tapia que qué era del español; y el español dijo: "Yo soy". Le dijo que tenía ordenes de Evangelio; que había ocho años que se había perdido él y otros quince hombres y dos mujeres, y que no habían quedado de todos sino él e un Gonzalo Guerrero. Y dijo que le fue a llamar y no quiso venir, questaba casado y tenía tres hijos.

Capítulo XXIX

Cómo nos tornamos a embarcar y nos hicimos a la vela para el río de Grijalba, y lo que nos avino en el viaje

En cuatro días del mes de marzo de mill e quinientos y diez y nueve años, mandó Cortés que nos embarcásemos. E yendo navegando con buen tiempo, revuelve un viento ya que quería anochecer, que echó cada navío por su parte con harto riesgo de dar en tierra. Y desque amanesció luego se volvieron a juntar todos los navíos, eceto uno en que iba Juan Velázquez de León. Y se acordó de le buscar con toda la armada, y lo hallamos anclado en una bahía, de lo que todos hobimos placer. Después llegamos al paraje del pueblo de Potonchan, y Cortés mandó al piloto que surgiésemos en aquella ensenada, y el piloto respondió que era mal puerto, porque habían de estar los navíos surtos más de dos leguas lejos de tierra, que mengua mucho la mar. Porque tenía pensamiento Cortés de dalles una buena mano por el desbarate de Francisco Hernández de Córdoba e Grijalba; e muchos de los soldados que nos habíamos hallado en aquellas batallas se lo suplicamos que entrase dentro y no quedasen sin buen castigo, y aun que se detuviese allí dos o tres días. El piloto Alaminos con otros pilotos porfiaron que si allí entrábamos que en ocho días no podríamos salir por el tiempo contrario, y que agora llevábamos buen viento, e que en dos días llegaríamos a Tabasco, y ansí pasamos de largo, y en tres días que navegamos llegamos al río de Grijalba, que es nombrado en lengua de indios de Tabasco. Y lo que allí nos acaesció e las guerras que nos dieron diré adelante.

Capítulo XXX

Cómo llegamos al río de Grijalba, que en lengua de indios llaman Tabasco, y de la guerra que nos dieron y lo que más con ellos pasamos

En doce días del mesmo marzo de mill e quinientos y diez y nueve años, llegamos con toda la armada al río de Grijalba, que se dice Tabasco y estaban juntos en el pueblo más de doce mill guerreros aparejados para darnos guerra. Y desque Cortés los vio puestos en aquella manera, dijo a Aguilar que dijese a unos indios que no les veníamos a hacer ningún mal, e que les rogaba que mirasen no encomenzasen la guerra. Y mientras más lo decía el Aguilar, más bravos se mostraban, y decían que nos matarían a todos si entrábamos en su pueblo. Y desque así vio la cosa, mandó Cortés que nos detuviésemos un poco. Y ellos como esforzados se vienen todos contra nosotros y nos cercan con las canoas con tan gran rociada de flechas, que nos hicieron detener en el agua hasta la cinta. Nosotros fuimos sobre ellos nombrando a Señor Santiago, y les hecimos retraer. Cortés mandó que parásemos y que no fuésemos más en seguimiento del alcance, pues iban huyendo, y allí tomó Cortés posesión de aquella tierra por Su Majestad y él en su real nombre.

Capítulo XXXI

Cómo mandó Cortés a dos capitanes que fuesen con cada cien soldados a ver la tierra dentro, y lo que sobrello nos acaesció

Otro día de mañana mandó Cortés a Pedro de Alvarado que saliese por capitán de cien soldados a ver la tierra adentro hasta andadura de dos leguas, y que llevase en su compañía a Melchorejo, pero no le hallaron. Y Cortés sintió enojo con su ida, porque no dijese a los indios, sus naturales, algunas cosas que no nos trajesen poco provecho. Como ansí fue, pues el indio Melchorejo les aconsejó que diesen guerra de día y de noche, e que nos vencerían, e que éramos muy pocos, de manera que traíamos con nosotros muy mala ayuda. Y supo Aguilar por muy cierto que para otro día estaban juntos todos cuantos caciques había en todos aquellos pueblos comarcanos de aquella provincia con sus armas aparejadas para nos dar guerra.

Capítulo XXXII

Cómo Cortés mandó que para otro día nos aparejásemos todos para ir en busca de los escuadrones guerreros, y mandó sacar los caballos de los navíos, y lo que más nos avino en la batalla que con ellos tuvimos

Desque Cortés supo que muy ciertamente nos venían a dar guerra mandó que con brevedad sacasen todos los caballos de los navíos a tierra, e que escopeteros y ballesteros y todos los soldados estuviésemos muy a punto con nuestras armas, y aunque estuviésemos heridos. E yendo de la manera que he dicho, dimos con todo el poder de escuadrones de indios guerreros que venían ya a buscarnos a los aposentos, y fue junto al mismo pueblo de Sintla, en un buen llano, por manera que si aquellos guerreros tenían deseo de nos dar guerra y nos iban a buscar, nosotros los encontramos con el mismo motivo. Y dejallo he aquí, y diré lo que pasó en la batalla, y bien se puede nombrar ansí, como adelante verán.

Capítulo XXXIII

Cómo nos dieron guerra e una gran batalla todos los caciques de Tabasco y sus provincias, y lo que sobrello sucedió

Y topamos todas las capitanías y escuadrones que nos iban a buscar, y traían grandes penachos y atambores y trompetillas, y se vienen como rabiosos y nos cercan por todas partes, que de la primera arremetida hirieron más de setenta de los nuestros, y nosotros, con los tiros y escopetas y ballestas no perdíamos punto de buen pelear. Y acordamos de nos allegar cuanto pudiésemos a ellos para dalles mal año de estocadas. Estando en esto, vimos asomar los de a caballo. E aquí creyeron los indios quel caballo y el caballero eran todo uno, como jamás habían visto caballos, y acogiéronse a unos espesos montes que allí había. Dimos muchas gracias a Dios por habernos dado aquella vitoria tan cumplida, y como era día de Nuestra Señora de Marzo llamase una villa que se pobló, el tiempo andando, Santa María de la Vitoria. Aquesta fue la primera guerra que tuvimos en compañía de Cortés en la Nueva España.

Capítulo XXXIV

Cómo envió Cortés a llamar todos los caciques de aquellas provincias, y la que sobrello se hizo

El capitán Cortés dijo que fuesen a traer a los caciques de aquel pueblo. Y como en todo era muy avisado, nos dijo riendo: "Sabéis, señores, que me paresce questos indios temerán mucho a los caballos, y deben de pensar quellos solos hacen la guerra; he pensado una cosa para que mejor lo crean; que traigan la yegua que parió el otro día, y atalla han aquí, y traigan el caballo de Ortiz el Músico, ques muy rijioso y tomará olor de la yegua. Y ansí se hizo, y al mediodía vinieron cuarenta caciques, con buena manera y saludaron a Cortés, que les respondió como enojado. Entonces secretamente mandó poner fuego a la lombarda questaba cebada, y los caciques se espantaron de la oír. Y en aquel instante trujeron el caballo que había tomado olor de la yegua, que pateaba y relinchaba y hacía bramuras, y siempre los ojos mirando a los indios. Y los caciques creyeron que por ellos hacía aquellas bramuras, y estaban espantados. Y Cortés se levantó de la silla y se fue para el caballo, y mandó a dos mozos de espuelas que luego le llevasen de allí lejos, y dijo a los indios que ya mandó al caballo que no estuviese enojado, pues ellos venían de paz y eran buenos.

Capítulo XXXV

Cómo vinieron todos los caciques e calachonis del río de Grijalba, y trujeron un presente, y lo que sobrello pasó.

Otro día de mañana, que fueron a quince días del mes de marzo de mill e quinientos y diez y nueve años, vinieron muchos caciques y principales de aquel pueblo de Tabasco y de otros comarcanos haciendo mucho acato a todos nosotros, y trujeron un presente de oro y veinte mujeres, y entre ellas una muy excelente que se dijo doña Marina, que ansí se llamó después devuelta cristiana. A esta doña Marina, como era de buen parescer y entremetida y desenvuelta, dio a Alonso Hernández Puerto Carrero, y desque fue a Castilla el Puerto Carrero estuvo la doña Marina con Cortés, e hobo allí un hijo que se dijo don Martín Cortés.

Capítulo XXXVI

Cómo doña Marina era cacica, e hija de grandes señores, y señora de pueblos y vasallos, y de la manera que fue traída a Tabasco

Antes que más meta la mano en lo del gran Montezuma y su gran Méjico y mejicanos, quiero decir lo de doña Marina: como desde su niñez fue gran señora y cacica de pueblos y vasallos; y es desta manera: Que su padre y madre eran señores y caciques de un pueblo que se dice Paynala, y murió el padre, quedando muy niña, y la madre se casó con otro cacique, y hobieron un hijo, y, según paresció, queríanlo bien al hijo que habían habido; acordaron entre el padre y la madre de dalle el cacicazgo después de sus días, y por que en ello no hobiese estorbo, dieron de noche a la niña doña Marina a unos indios de Xicalango, porque no fuese vista, y echaron fama que se había muerto; por manera que los de Xicalango la dieron a los de Tabasco, y los de Tabasco a Cortés. Doña Marina en todas las guerras de la Nueva España y Tascala y Méjico fue tan ecelente mujer y de buena lengua, por esta causa la traía siempre Cortés consigo.

Capítulo XXXVII

Cómo llegamos con todos los navíos a San Juan de Ulúa, y lo que allí pasamos

En Jueves Santo de la Cena de mill e quinientos y diez y nueve años llegamos con toda la armada al puerto de San Juan de Ulúa, y dende obra de media hora vinieron dos canoas muy grandes, y en ellas vinieron muchos indios mejicanos, a saber qué hombres éramos e qué buscábamos. Cortés les dijo cómo éramos cristianos y vasallos del mayor señor que hay en el mundo, e que por su mandado venimos a aquestas tierras y les dio un presente para Montezuma. Y luego mandó Cortés a Pedro de Alvarado quél y todos los de a caballo se aparejasen para que aquellos criados de Montezuma los viesen correr. Y los gobernadores y todos los indios se espantaron de cosas tan nuevas para ellos, y todo lo mandaron pintar a sus pintores para que su señor Montezuma lo viese. Diz que el gran Montezuma, desque lo vio, quedó admirado y tuvo por cierto que éramos de los que le habían dicho sus antepasados que venían a señorear aquella tierra.

Capítulo XXXVIII

Cómo fue Tendile a hablar a su señor Montezuma y llevar el presente, y lo que se hizo en nuestro real

Una mañana vino Tendile con más de cien indios cargados con una rueda de hechura de sol de oro muy fino, veinte ánades de oro, e unos como perros de los que entrellos tienen, y muchas piezas de oro de tigres y leones y monos, y diez collares e otros pinjantes, y doca flechas y un arco con su cuerda, y dos varas como de justicia de largo de cinco palmos, y todo esto que he dicho de oro muy fino y de obra vaciadiza; traer penachos de oro y de ricas plumas verdes e otras de plata, venados de oro, e fueron tantas cosas que como ha ya tantos años que pasó no me acuerdo de todo; treinta cargas de ropa de algodón, tan prima y de muchos géneros de labores, y de pluma de muchos colores. Y dijeron a Cortés aquellos embajadores que su señor se ha holgado que hombres tan esforzados vengan a su tierra, y que deseará mucho ver a nuestro gran emperador, pues tan gran señor es, e cuanto a las vistas, que no curasen dellas, que no había para qué, poniendo muchos inconvenientes. Cortés les tornó a dar las gracias con buen semblante por ello, y les rogó que volviesen a decir a su señor, el gran Montezuma, que pues habíamos pasado tantas mares y veníamos de tan lejos tierras solamente por le ver y hablar de su persona a la suya.

Capítulo XXXIX

Cómo Cortés envió a buscar otro puerto y asiento para poblar, y lo que sobrello se hizo

Despachados los mensajeros para Méjico, luego Cortés mandó ir dos navíos a descubrir la costa adelante, y por capitán dellos a Francisco de Montejo, y le mandó que siguiese el viaje que habíamos llevado con Juan de Grijalba, y que procurase de buscar puerto seguro y mirase por tierras en que pudiésemos estar, porque ya bien via que en aquellos arenales no nos podíamos valer de mosquitos, y estar tan lejos de poblazones. Y estando desta manera vuelven Tendile con muchos indios, y dio diez cargas de mantas de pluma muy fina y le dijeron que su señor Montezuma rescibió el presente, e que se holgó con él, e que en cuanto a las vistas, que no le hablen más sobrello, y que ya no cure de enviar más mensajeros a Méjico. Y Cortés les dio las gracias con ofrescimientos, y ciertamente que le pesó que tan claramente le decían que no podríamos ver al Montezuma, y dijo a ciertos soldados que allí nos hallamos: "Verdaderamente debe ser gran señor y rico, y, si Dios quiere, algún día le hemos de ir a ver". Y respondimos los soldados: "Ya querríamos estar envueltos con él".

Capítulo XL

De lo que se hizo sobre el rescatar del oro, y de otras cosas que en el real pasaron

Como vieron los amigos de Diego Velázquez que algunos soldados rescatábamos orbe, dijéronselo a Cortés que para qué lo consentía, y que no le envió Diego Velázquez para que los soldados se llevasen todo el más del oro, y que era bien mandar pregonar que no rescatasen más de ahí adelante si no fuese el mismo Cortés, y lo que hobiesen habido que lo manifestasen para sacar el real quinto. Y dejemos esto, y digamos cómo una mañana no amanesció indio ninguno de los que estaban en las chozas que solían traer de comer. Paresce ser, como Montezuma era muy devoto de sus ídolos, que se decían Tezcatepuca e Huichilobos; el uno decían que era dios de la guerra y el Tezcatepuca el dios del infierno, y les sacrificaba cada día muchachos para que le diesen respuesta de lo que había de hacer de nosotros, que la respuesta que le dieron sus ídolos era que no curase más de oír a Cortés, ni las palabras que le envía a decir que tuviese cruz, y la imagen de Nuestra Señora que no la trujesen a su ciudad, y por esta causa se fueron sin hablar.

Capítulo XLI

Cómo alzamos a Hernando Cortés por capitán general e justicia mayor hasta que su majestad en ello mandase lo que fuese servido, y lo que en ello se hizo

Ya he dicho que en el real andaban los parientes e amigos del Diego Velázquez perturbando que no pasásemos adelante, y que desde allí, de San Juan de Ulúa, nos volviésemos a la isla de Cuba. Paresce ser que ya Cortés tenía puesto en pláticas con Alonso Hernández Puerto Carrero y con Pedro de Alvarado y sus cuatro hermanos, Jorge y Gonzalo e Gómez y Juan, todos Alvarado, y con Cristóbal de Olí y Alonso de Avila y Joan de Escalante e Francisco de Lugo e conmigo e otros caballeros y capitanes que le pidiésemos por capitán, y que le diésemos el quinto del oro de lo que se hobiese, después de sacado el real quinto. Y luego le dimos poderes muy bastantísimos delante de un escribano del rey que se decía Diego de Godoy para todo lo por mí aquí dicho. Y luego ordenamos de hacer y fundar e poblar una villa que se nombró la Villa Rica de la Vera Cruz.

Capítulo XLII

Cómo la parcialidad de Diego Velázquez perturbaba el poder que habíamos dado a Cortés, y lo que sobrello se hizo

Desde la parcialidad de Diego Velázquez vieron que de hecho habíamos elegido a Cortés por capitán general y justicia mayor, y estaban tan enojados y rabiosos que comenzaron a armar bandos e chirinolas, y a decir que no estaba bien hecho haberle elegido sin ellos, e que no querían estar debajo de su mando, sino volverse luego a la isla de Cuba. Y Cortés les respondía que él no deternía a ninguno por fuerza. E cualquiera que le viniese a pedir licencia se la daría de buena voluntad, aunque se quedase solo, y con esto los asosegó a algunos dellos, eceto al Juan Velázquez, de León, que era pariente del Diego Velázquez, e a Diego de Ordaz, y a Escobar, que llamábamos el Paje porque había sido criado del Diego Velázquez, y a Pedro Escudero y a otros amigos del Diego Velázquez. Y Cortés, con nuestro favor, determinó de prenderlos.

Capítulo XLIII

Cómo fue acordado de enviar a Pedro de Alvarado la tierra adentro a buscar maíz y bastimento, y lo que más pasó

Ya que habíamos hecho e ordenado lo por mí aquí dicho, acordamos que fuese Pedro de Alvarado la tierra adentro para traer maíz e algún bastimento, porque en el real pasábamos mucha nescesidad; y llevó cien soldados, y eran destos soldados más de la mitad de la parcialidad del Diego Velázquez, y quedamos con Cortés todos los de su bando, por temor se levantasen contra él. Y desta manera fue el Alvarado a unos pueblos chicos, sujetos de otro pueblo que se decía Cotastan; aquellos pueblos los halló muy bastecidos de comida y despoblados de indios, sólo pudo hallar dos indios que le trujeron maíz; y ansí hobo de cargar cada soldado de gallinas y de otras legumbres, y volvióse al real sin más daño les hacer.

Capítulo XLIV

Cómo entramos en Cempoal, que en aquella sazón era muy buena poblazón, y lo que allí pasamos

Desque vimos tan grande pueblo nos admiramos mucho dello, y cómo estaba hecho un vergel, y tan poblado de hombres y mujeres, dábamos muchos loores a Dios que tales tierras habíamos descubierto. La gran plaza y patios donde estaban los aposentos teníanlos muy encalados y relucientes como plata. El cacique gordo nos salió a rescebir, que porque era muy gordo ansí lo nombraré; e hizo muy gran reverencia a Cortés. Le dio un presente que tenía aparejado de cosas de joyas de oro y mantas. Y Cortés le dijo quél se lo pagaría en buenas obras, e que lo que hobiese menester que se lo dijesen, quél lo haría por ellos. Y luego como aquello oyó el cacique gordo, dando sospiros se queja reciamente del gran Montezuma e sus gobernadores, diciendo que de pocos tiempos acá le había sojuzgado y que le ha llevado todas sus joyas de oro. Y Cortés les dijo quel haría de manera que fuesen desagraviados. Y despedido del cacique gordo, fuimos a dormir a un poblezuelo cerca de Quiaviztlan, y estaba despoblado, y los de Cempoal trujeron de cenar.

Capítulo XLV

Cómo entramos en Quiaviztlan, que era pueblo puesto en fortaleza, y nos acogieron de paz

Otro día, a hora de las diez, llegamos en el pueblo que se dice Quiaviztlan. Iba el artillería delante, de manera que si algo acontesciera, hacer lo que éramos obligados. Y el cacique estuvo hablando con Cortés, dando tantas quejas de Montezuma. Y Cortés les consolaba cuanto podía. Y estando en estas pláticas vinieron cinco mejicanos que eran los recaudadores de Montezuma, y desque lo oyeron se les perdió la color y temblaban de miedo; y dejan solo a Cortés y los salen a rescebir; y de presto les enraman una sala y les guisan de comer y les hacen mucho cacao, ques la mejor cosa que entre ellos beben. Y después que hobieron comido mandaron llamar al cacique y a todos los más principales y les reñieron que por qué nos habían hospedado en sus pueblos, que su señor Montezuma no será servido de aquello. Y Cortés les consoló y que no hobiesen miedo, quél estaba allí con todos nosotros y que los castigaría.

Capítulo XLVI

Cómo Cortés mandó que prendiesen aquellos cinco recaudadores de Montezuma, y mandó que desde ahí adelante no le obedesciesen ni diesen tributo, y la rebelión que entonces se ordenó contra Montezuma

Cortés les mandó que aprisionasen y tuviesen presos a aquellos recaudadores hasta que su señor Montezuma sepa la causa cómo vienen a robar e a llevar por esclavos sus hijos y mujeres y hacer otras fuerzas. Y demás desto mandó a los caciques que no les diesen más tributo ni obidiencia a Montezuma. A media noche soltar a dos prisioneros, y después que los tuvo delante les preguntó que por qué estaban presos y de qué tierra eran, como haciendo que no los conocía. Y respondieron que los caciques de Cempoal y de aquel pueblo, con su favor y el nuestro, los prendieron. Y Cortés respondió que él no sabía nada, y que le pesa dello, y les mandó dar de comer y les dijo palabras de muchos halagos y que se fuesen luego a decir a su señor Montezuma como éramos todos nosotros sus grandes amigos y servidores. Y luego mandó a seis hombres que esa noche los sacaran a tierra segura fuera de los términos de Cempoal.

Capítulo XLVII

Cómo acordamos de poblar la Villa Rica de la Vera Cruz

Acordamos de fundar la Villa Rica de la Vera Cruz. Estando en esto paresce ser quel gran Montezuma tuvo noticia en Méjico cómo habían preso sus recaudadores y mostró tener mucho enojo de Cortés, y tenía ya mandado a un su gran ejército de guerreros que viniesen a dar guerra a los pueblos que se le rebelaron; y en aquel instante van los dos indios prisioneros que Cortés mandó soltar. Y desque Montezuma entendió que Cortés les quitó de las prisiones y los envió a Méjico, amansó su ira e acordó de enviar a saber de nosotros, con un presente de oro y mantas e a dar las gracias a Cortés porque les soltó a sus criados; y por otra parte se envió a quejar mucho diciendo que con nuestro favor se habían atrevido aquellos pueblos de hacelle tan gran traición e que no le diesen tributo y quitalle la obidiencia, mas quel tiempo andando no se alabarán de aquellas traiciones.

Capítulo XLVIII

Cómo vino el cacique gordo a quejarse a Cortés cómo en un pueblo fuerte, Cingapacinga, estaban guarniciones de mejicanos y les hacían mucho daño, y lo que sobrello se hizo

Vino el cacique gordo a decir a Cortés que en un pueblo que se dice Cingapacinga, questaria de Cempoal dos días de andadura, estaban en él juntos muchos indios de guerra de los culúas, que se entiende por los mejicanos, e que les venían a destruir sus sementeras y estancias. Y Cortés lo creyó, y habiéndoles prometido que les ayudaría y mataría a los culúas o a otros indios que les quisiesen enojar, a esta causa no sabía qué se decir, salvo que iría de buena voluntad o enviaría algunos soldados con uno de nosotros para echallos de allí. Y los caciques estaban enlevados desque lo oyeron, y no sabían si lo creer o no, e miraban a Cortés si hacía algún mudamiento en el rostro, que creyeron que era verdad lo que les decía.

Capítulo XLIX

Cómo ciertos soldados de la parcialidad de Diego Velázquez, viendo que de hecho queríamos poblar y comenzamos a pacificar pueblos, dijeron que no querían ir a ninguna entrada, sino volverse a la isla de Cuba

Ya me habrán oído decir que Cortés había de ir a un pueblo que se dice Cingapacinga y había de llevar consigo cuatrocientos soldados y catorce de caballo y ballesteros y escopeteros; y tenían puestos en la memoria para ir con nosotros a ciertos soldados de la parcialidad de Diego de Velázquez. Y estos respondieron soberbiamente que no querían ir, sino volverse a sus haciendas que dejaron en Cuba. Y como Cortés lo supo, los envió a llamar, y preguntando por qué hacían aquella cosa tan fea; y respondieron algo alterados y dijeron que se maravillaban de su merced querer poblar adonde había grandes poblazones, con tan pocos soldados como éramos, y que ellos estaban dolientes y hartos de andar de una parte a otra, y que se querían ir a Cuba a sus casas y haciendas; que les diese luego licencia, como se lo había prometido. Y Cortés hizo como que les quería dar la licencia, mas a la postre se la revocó, y se quedaron burlados y aun avergonzados.

Capítulo L

Lo que nos acaesció en Cingapacinga, y otras cosas que pasaron

Como ya los siete hombres que se querían volver a Cuba estaban pacíficos, partimos al pueblo de Cempoal, y llegamos a las estancias questaban junto al pueblo de Cingapacinga. Y estábamos descansando con las armas a cuestas, y un soldado que se decía Fulano de Mora, natural de Ciudad Rodrigo, tomó dos gallinas de una casa de indios de aquel pueblo, y Cortés que lo acertó a ver, hobo tanto enojo de lo que delante dél se hizo por aquel soldado en los pueblos de paz en tomar gallinas, que luego le mandó echar una soga a la garganta, y le tenían ahorcado, si Pedro de Alvarado, que se halló junto de Cortés, que le cortó la soga con la espada, y medio muerto quedó el pobre soldado. He querido traer esto aquí a la memoria para que vean los curiosos letores, que porque aquel soldado tomó dos gallinas en pueblo de paz aína le costara la vida, y para que vean agora ellos de qué manera se han de haber con los indios e no tomalles sus haciendas.

Capítulo LI

Cómo Cortés mandó hacer un altar y se puso una imagen de Nuestra Señora y una cruz, y se dijo misa y se bautizaron las ocho indias

Cortés mandó llamar todos los indios albañiles que había en aquel pueblo y traer mucha cal para que lo aderezasen, y mandó que quitasen las costras de sangre questaban en los cues, y que lo aderezasen muy bien. Y luego otro día se encaló y se hizo un altar con buenas mantas; y mandó traer muchas rosas de las naturales que había en la tierra, que eran bien olorosas. Y mandó a nuestros carpinteros que hiciesen una cruz y la pusiesen en un pilar que teníamos ya nuevamente hecho e muy bien encalado; y otro día de mañana se dijo misa en el altar, la cual dijo el padre fray Bartolomé de Olmedo. E a la misa estuvieron los más principales caciques de aquel pueblo, y ansimismo se trajeron ocho indias para volver cristianas, y se llamó a la sobrina del cacique gordo doña Catalina, y era muy fea; aquella dieron a Cortés por la mano; las otras ya no se me acuerda el nombre de todas, mas sé que Cortés las repartió entre soldados.

Capítulo LII

Cómo volvimos a nuestra Villa Rica de la Vera Cruz, y lo que allí pasó

Después que hobimos hecho aquella jornada y quedaron amigos los de Cingapacinga con los de Cemporal, y otros pueblos comarcanos dieron obidiencia a Su Majestad, y se derrocaron los ídolos y se puso la imagen de Nuestra Señora y la santa cruz, nos fuimos a la villa. Y estando en aquella villa sin tener en qué entender más de acabar de hacer la fortaleza, dijimos a Cortés que sería bueno ir a ver qué cosa era el gran Montezuma, e que antes que nos metiésemos en camino enviásemos a besar los pies a Su Majestad y a dalle cuenta y relación de todo lo acaescido desde que salimos desde la isla de Cuba. Y Cortés escribió por sí, según él nos dijo, con recta relación, mas no vimos su carta; y el Cabildo escribió, juntamente con diez soldados de los que fuimos otra carta y relación.

Capítulo LIII

De la relación e carta que escrebimos a Su Majestad con nuestros procuradores Alonso Hernández Puerto Carrero e Francisco de Montejo, la cual carta iba firmada de algunos capitanes y soldados

Después de poner en el principio aquel muy debido acato que somos obligados a tan gran majestad del emperador nuestro señor, cada capítulo por sí, fue esto que aquí diré en suma breve: cómo salimos de la isla de Cuba con Hernando Cortés; los pregones que se dieron cómo veníamos a poblar, y que Diego Velázquez secretamente enviaba a rescatar y no a poblar; cómo Cortés se quería volver con cierto oro rescatado, conforme a las instrucciones que de Diego Velázquez traía; cómo hicimos a Cortés que poblase y le nombramos por capitán general e justicia mayor hasta que otra cosa Su Majestad fuese servido mandar; cómo le prometimos el quinto de lo que se hobiese, después de sacado su real quinto; cómo quedamos en estos sus reinos cuatrocientos y cincuenta soldados en muy gran peligro, por servir a Dios y a su real Corona. Y demás destas relaciones le suplicamos que, entre tanto que otra cosa sea servido mandar, que le hiciese merced de la gobernación a Hernando Cortés.

Capítulo LIV

Cómo Diego Velázquez, gobernador de Cuba, supo por cartas muy de cierto que enviábamos procuradores con embajadas y presentes a nuestro Rey y Señor, y lo que sobrello se hizo

Como Diego Velázquez, gobernador de Cuba, supo las nuevas, ansí por las cartas que le enviaron secretas, y cuando entendió del gran presente de oro que enviábamos a Su Majestad y supo quiénes eran los embajadores e procuradores, decía palabras muy lastimosas e maldiciones contra Cortés. Y de presto mandó armar dos navíos, y con dos capitanes que fueron en ellos, les mandó que fuesen hasta La Habana, y le trujesen presa la nao en que iban nuestros procuradores y todo el oro que llevaban. Y después de andar barloventeando con aquellos dos navíos entre la canal y La Habana, y no hallaron recaudo de lo que venían a buscar, se volvieron a Santiago de Cuba. Y si triste estaba el Diego Velázquez de antes que enviase los navíos, muy más se congojó desque los vio volver de aquel arte. Y luego le aconsejaron sus amigos que se enviase a quejar a España al obispo de Burgos, questaba por presidente de Indias y hacía mucho por él.

Capítulo LV

Cómo nuestros procuradores, con buen tiempo, en pocos días llegaron a Castilla, y lo que en la corte les avino

Nuestros procuradores fueron en posta a la corte, questaba en Valladolid, y por presidente del Real Consejo de Indias don Juan Rodríguez de Fonseca, que era obispo de Burgos, y porquel emperador nuestro señor estaba en Flandes, nuestros procuradores le fueron a besar las manos, y le suplicaron que luego hiciese mensajero a Su Majestad y le enviesen aquel presente y cartas. Y les tornó a responder muy soberbiamente, y aun les mandó que no tuviesen ellos cargo dello, que él escribiría lo que pasaba y no lo que le decían, pues se habían levantado contra el Diego Velázquez; y pasaron otras muchas palabras agras. Y como nuestros grandes servicios son por Dios Nuestro Señor y por Su Majestad, quiso Dios que Su Majestad lo alcanzó a saber muy claramente, y después lo vio y entendió fue mucho el contento que mostró.

Capítulo LVI

Cómo después que partieron nuestros embajadores para Su Majestad con todo el oro y cartas y relaciones, lo que en el real se hizo y la justicia que Cortés mandó hacer.

Dende a cuatro días que partieron nuestros procuradores para ir antel emperador nuestro señor, paresce ser que unos amigos y criados del Diego Velázquez estaban mal con Cortés, y acordaron todos de tomar un navío de poco porte e irse con él a Cuba a dar mandado al Diego Velázquez para avisalle cómo en la Habana podían tomar en la estancia de Francisco de Montejo a nuestros procuradores con el oro y recaudo. E ya que se iban a embarcar, uno dellos paresce ser que se arrepintió de se volver a Cuba, lo fue a hacer saber a Cortés. Y como lo supo, e de qué manera e cuántos e por qué causas se querían ir, y quién fueron en los consejos y tramas para ello, les mandó luego sacar las velas e aguja y timón del navío, y los mandó echar presos, y les tomó sus confisiones; y confesaron la verdad y condenaron a otros questaban con nosotros, que se disimuló por el tiempo, que no permitía otra cosa, y por sentencia que dio mandó ahorcar a dos, y cortar los pies a otro, y azotar a varios.

Capítulo LVII

Cómo acordamos de ir a Méjico, y antes que partiésemos dar todos los navíos al través, y lo que más pasó, y esto de dar con los navíos al través fue por consejo e acuerdo de todos nosotros los que éramos amigos de Cortés

Platicando con Cortés en las cosas de la guerra, le aconsejamos los que éramos sus amigos, y otros hobo contrarios, que no dejase navío ninguno en el puerto, que no quedasen embarazos, porque entretanto questábamos en la tierra adentro no se alzasen otras personas. El mismo Cortés lo tenía ya concertado; mandó a un Juan de Escalante, que era alguacil mayor e gran amigo de Cortés y enemigo del Diego Velázquez, que luego fuese a la villa y que de todos los navíos se sacasen todas las anclas y cables y velas y lo que dentro tenían de que se pudiese aprovechar, que no quedasen más de los bateles, e que los pilotos y maestres viejos y marineros que no eran para ir a la guerra que se quedasen en la villa. Aquí es donde dice el coronista Gomara que cuando Cortés mandó barrenar los navíos, pero no pasó como dice, pues ¿de qué condición somos los españoles para no ir adelante y estarnos en partes que no tengamos provecho e guerras?

Capítulo LVIII

De un razonamiento que Cortés nos hizo después de haber dado con los navíos al través y [cómo] aprestábamos nuestra ida para Méjico

Después de haber dado con los navíos al través a ojos vistas, Cortés dijo que nos pedía por merced que le oyésemos, que ya habíamos entendido la jornada que íbamos y que habíamos destar prestos para ello, porque en cualquier parte donde fuésemos desbaratados, lo cual Dios nos permitiese, no podríamos alzar cabeza, por ser muy pocos. Y todos a una le respondimos que haríamos lo que ordenase. Luego mandó llamar al cacique gordo y le dijo que se quería partir luego para Méjico a mandar a Montezuma que no robe ni sacrifique, e que ha menester docientos indios tamemes para llevar el artillería, y también le demandó cincuenta principales hombres de guerra que fuesen con nosotros.

Y luego Cortés cabalgó con cuatro de caballo que le acompañaron, y mandó que le siguiésemos cincuenta soldados de los más sueltos. E Cortés allí nos nombró los que habíamos de ir con él, y aquella noche llegamos a la Villa Rica. Y lo que allí pasamos se dirá adelante.

Capítulo LIX

Cómo Cortés fue a la Villa Rica, y lo que sobrello pasó

Así como llegamos a la Villa Rica, encontramos a cuatro españoles que venían a tomar posesión en aquella tierra por Francisco de Garay, gobernador de Jamaica. Entonces, Cortés, con palabras amorosas les halagó y rogóles que se desnudasen para que vistiesen vestidos de los nuestros, e ansí lo hicieron. Y luego vinieron en el batel seis marineros, y encontraron los cuatro de los nuestros, y decían los del batel: "Veníos a embarcar; ¿qué hacéis? ¿Por qué no venís?". Entonces respondió uno de los nuestros: "Salta en tierra e veréis aquí un pozo". Y como desconocieron en la voz se volvieron con su batel, y por más que les llamaron no quisieron responder; y queríamos les tirar con las escopetas y ballestas; y Cortés dijo que no se hiciese tal, que se fuesen con Dios a dar mandado a su capitán.

Capítulo LX

Cómo acordamos de ir a la ciudad de Méjico, y por consejo del cacique fuimos por Tascala, y de lo que nos acaesció, ansí de rencuentros de guerra como otras cosas que nos avinieron

Después de bien considerada la partida para Méjico, tomamos consejo sobre el camino que habíamos de llevar y fue acordado por los principales de Cempoal quel mejor y más conviniente camino era por la provincia de Tascala, porque eran sus amigos, y mortales enemigos de mejicanos. Y ya tenían aparejados cuarenta principales, y todos hombres de guerra que fueron con nosotros y nos ayudaron mucho en aquella jornada, y más nos dieron docientos tamemes para llevar el artillería. Cuando llegamos a Cocotlán, que era sujeto de Méjico, el cacique Olintecle salió a recibirnos con otros principales, y nos dieron de comer poca cosa e de mala voluntad. Cortés les preguntó cuál era el mejor camino y más llano para ir a Méjico: y el cacique le dijo que por un pueblo que se decía Cholula, y los de Cempoal dijeron a Cortés: "Señor, no vayas por Cholula, que son muy traidores y tiene allí siempre Montezuma sus guarniciones de guerra", y que fuésemos por Tascala, que eran sus amigos y enemigos de mejicanos.

Capítulo LXI

Cómo se determinó que fuésemos por Tascala, y les enviábamos mensajeros para que tuviesen por bien nuestra ida por su tierra, y cómo prendieron a los mensajeros, y lo que más se hizo

Enviamos dos mensajeros principales de los de Cempoal a Tascala con una carta en la que les decíamos que íbamos a su pueblo, que lo tuviesen por bien que no les íbamos a hacer enojo, sino tenelles por amigos. Luego que llegaron los dos nuestros mensajeros y comenzaron a decir su embajada, los mandaron prender, sin ser más oídos. Y estuvimos aguardando respuesta aquel día y otro, y desque no venían, partimos otro día para Tascala; y yendo por nuestro camino vienen nuestros dos mensajeros que tenían presos, que paresce ser que los indios que los tenían a cargo se descuidaron, y vinieron tan medrosos, porque, según dijeron, cuando estaban presos, que les amenazaban y les decían: "Agora hemos de matar a esos que llamáis teules, y comer sus carnes, y veremos si son tan esforzados como publicáis; y también comeremos vuestras carnes, pues venís con traiciones y con embustes de aquel traidor de Montezuma".

Capítulo LXII

De las guerras y batallas muy peligrosas que tuvimos con los tascaltecas, y de lo que más pasó

Otro día, viénense a encontrar con nosotros dos escuadrones de guerreros, que habría seis mill, con grandes gritas y atambores y trompetillas, y flechando y tirando varas y haciendo como fuertes guerreros. Cortés mandó questuviéramos quedos, y con tres prisioneros que les habíamos tomado el día antes les enviamos a decir y a requerir no diesen guerra, que les queremos tener por hermanos. Y como les hablaron los tres prisioneros que les enviamos, mostráronse muy más recios y nos daban tanta guerra que no les podíamos sufrir. Entonces dijo Cortés: "Santiago, y a ellos". Y de hecho arremetimos de manera que les matamos y herimos muchas de sus gentes con los tiros; y vanse retrayendo con su capitán general, que se decía Xicotenga. Una cosa tenían los tascaltecas en esta batalla y en todas las demás: que en hiriéndoles cualquiera indio luego los llevaban y no podíamos ver los muertos.

BANORTE

EDUCAL S.A. DE C.V.

FECHA: 07/03/2018 HORA: 12:42:49

AV CEYLAN # 450, COL. EUZCADI

C.P. 02660, MEXICO D.F. TEL. 53544013

SUC. LIB. BICENTENARIO, PALACIO NACIONAL

PALACIO NACIONAL, PLANTA BAJA, Col.CENTRO, CP.06060.MEXI

CO, DISTRITO FEDERAL, Tel.

Le atendio: MAYRA GEORGINA CHAVEZ OCAÑA

TRANSACCION: V E N T A Approved

AFILIACION 7309232 AUTORIZACION 000525

REFERENCIA 320236385084 TERMINAL 329227730

NUMERO DE CONTROL 011112_18157

TIPO TARJETA DEBITO TIPO VISA

************0947 EXP 2102

BANCO EMISOR: BANORTE

IMPORTE TOTAL $50.00

F I R M A

CABRERA ARROYO

ARQC 50193AB2424B603A

AID A0000000032010

TVR 8080008000

TSI 7800

VISA ELECTRON

BANORTE

EDUCAL S.A. DE C.V.

FECHA: 07/03/2018 HORA: 12:42:49

AV CEYLAN # 450, COL. EUZCADI

C.P. 02660, MEXICO D.F. TEL 53544013

SUC. LIB. BICENTENARIO, PALACIO NACIONAL

PALACIO NACIONAL, PLANTA BAJA, Col.CENTRO, CP 06000.MEXI

CO, DISTRITO FEDERAL. Tel.

Le atendio: MAYRA GEORGINA CHAVEZ OLAYA

TRANSACCION: V E N T A Approved

AFILIACION 7309282 AUTORIZACION 000525

REFERENCIA 8202365385084 TERMINAL 329227130

NUMERO DE CONTROL 011112_18157

TIPO TARJETA DEBITO TIPO VISA

************0947 EXP 2102

BANCO EMISOR: BANORTE

IMPORTE TOTAL $50.00

F I R M A

CABRERA ARROYO

ARQC 5D193AD2424B603A

AID A0000000032010

TVR 8080008000

TSI 7800

VISA ELECTRON

Capítulo LXIII

Cómo tuvimos nuestro real asentado en unos pueblos y caserías que se dice Teoacinco o Tevacingo, y lo que allí hicimos

Como nos sentimos muy trabajados de las batallas pasadas y estaban muchos soldados y caballos heridos, estuvimos un día sin hacer cosa; y otro día por la mañana Cortés acordó que se soltasen los prisioneros, y se les dio otra carta para que fuesen a decir a los caciques mayores questaban en el pueblo cabecera de todos los de aquella provincia, que no les venimos a hacer mal ni enojo, sino para pasar por su tierra e ir a Méjico a hablar a Montezuma. Y los dos mensajeros fueron al real de Xicotenga, que les respondió que fuésemos a su pueblo, a donde está su padre, y que allá harán las paces con hartarse de nuestras carnes y honrar sus dioses con nuestros corazones y sangre, y que para otro día de mañana veríamos su respuesta.

Capítulo LXIV

De la gran batalla que hobimos con el poder de Tascalteca, y quiso Dios Nuestro Señor darnos vitoria, y lo que más pasó es lo siguiente

Otro día de mañana, que fue el cinco de setiembre de mill e quinientos y diez y nueve años, pusimos los caballos en concierto, y no habíamos andado medio cuarto de legua cuando vimos asomar los campos llenos de guerreros con grandes penachos y sus devisas y mucho ruido de trompetillas y bocinas. Y supimos cierto questa vez venían con pensamiento que no habían de dejar ninguno de nosotros con vida que no habían de ser sacrificados a sus ídolos. Volvamos a la batalla. Pues como comenzaron a romper con nosotros, ¡qué granizo de piedra de los honderos! En aquella batalla matamos un capitán muy principal, y comenzaron a retraerse con buen concierto. Y desque nos vimos libres de aquella multitud de guerreros dimos muchas gracias a Dios. En esta batalla prendimos tres indios principales.

Capítulo LXV

Cómo otro día enviamos mensajeros a los caciques de Tascala, rogándoles con la paz, y lo que sobrello hicieron

Cortés envió a los tres indios capturados que dijesen a los caciques de Tascala que les rogábamos que luego vengan de paz y que nos den pasada por su tierra para ir a Méjico, e que si agora no vienen, que les mataremos todas sus gentes. Y diz que no quisieron escuchar a los mensajeros de buena gana; y mandaron llamar todos los adivinos. Y paresce ser que en las suertes hallaron que éramos hombres de hueso y carne, y que comíamos gallinas y perros y pan y fruta cuando lo teníamos, y que de día no podíamos ser vencidos, sino de noche. Y se lo enviaron a decir a su capitán general Xicotenga, para que luego con brevedad venga una noche con grandes poderes a nos dar guerra. Y nos hallaron muy apercebidos; les resistimos con las escopetas y ballestas. De presto vuelven las espaldas. Y desque nos vimos libres de aquella arrebatada refriega gracias a Dios, dormimos lo que quedó de la noche con grande recaudo en el real, ansí como lo teníamos de costumbre.

Capítulo LXVI

Cómo tornamos a enviar mensajeros a los caciques de Tascala para que vengan de paz, y lo que sobrello hicieron y acordaron

Como llegaron a Tascala los mensajeros que enviamos a tratar de las paces, les hallaron questaban en consulta los dos más principales caciques, que se decían Maseescasi y Xicotenga el Viejo. Y quiso Dios quespiró en los pensamientos que hiciesen paces con nosotros. Y luego enviaron a hacer saber a su capitán Xicotenga y a los demás capitanes que consigo tiene para que luego se vengan sin dar más guerras. Y el capitán Xicotenga el Mozo no lo quiso escuchar, y mostró que no estaba por las paces; y dijo que él quería dar otra noche sobre nosotros y acabarnos de vencer y matar. La cual respuesta desque la oyó su padre Xicotenga el Viejo, y Maseescasi y los demás caciques se enojaron de manera que luego enviaron a mandar a los capitanes y a todo su ejército que no fuesen con el Xicotenga a nos dar guerra, ni en tal caso le obedeciesen en cosa que les mandase, si no fuese para hacer paces; y tampoco lo quiso obedescer.

Capítulo LXVII

Cómo acordarmos de ir a un pueblo questaba cerca de nuestro real, y lo que sobrello se hizo

Como había dos días questábamos sin hacer cosas que de contar sea, fue acordado, y aun aconsejamos a Cortés, que un pueblo questaba obra de una legua de nuestro real, que le habíamos enviado a llamar de paz y no venía, que fuésemos una noche y diésemos sobrél no para hacelles mal, mas de traer comida y atemorizalles o hablalles de paz; y dícese este pueblo Cumpancingo. Desque nos sintieron los naturales dél fuéronse huyendo de sus casas, dando voces que les íbamos a matar. Y desque aquello vimos hicimos alto en un patio hasta que fue de día, que no se les hizo ningun daño. Y ansí nos volvimos luego a nuestro real con el bastimento e indias y muy contentos.

Capítulo LXVIII

Cómo desque volvimos con Cortés de Cinpancingo con bastimentos, hallamos en nuestro real ciertas pláticas, y lo que Cortés respondió a ellas

Vueltos de Cinpancingo, que ansí se dice, con los bastimentos, hallamos en el real corrillos y pláticas sobre los grandísimos peligros en que cada día estábamos en aquella guerra. Y los que más en ello hablaban e asistían eran los que en la isla de Cuba dejaban sus casas y repartimientos de indios. Y juntáronse hasta siete dellos, que aquí no quiero nombrar por su honor, y fueron al rancho y aposento de Cortés; y uno dellos, que habló por todos, dijo a Cortés que mirase cuál andábamos, malamente heridos y flacos; e que nos volviésemos a la Villa Rica, pues estaba de paz la tierra. E Cortés les respondió muy mansamente, y dijo que pues Dios nos libró de tan gran peligro, que esperanza tenía que ansi había de ser de allí adelante; que no es cosa bien acertada volver un paso atrás; que si nos viesen volver estas gentes y los que dejamos de paz, las piedras se levantarían contra nosotros.

Capítulo LXIX

Cómo el capitán Xicotenga tenía apercibidos veinte mil guerreros escogidos para dar en nuestro real, y lo que sobrello se hizo

Xicotenga nos envió cuarenta indios con comida de gallinas y pan y fruta y cuatro mujeres indias viejas y de ruin manera, y mucho copal y plumas de papagallos, y los indios que lo traían al parescer creíamos que venían de paz, pero paresce ser que eran espías para mirar nuestras chozas, y ranchos y caballos y artillería, y cuántos estábamos en cada choza, y entradas y salidas. Y súpolo luego doña Marina y ella lo dijo a Cortés, y para saber la verdad mandó apartar dos de los tascaltecas que parescían más hombres de bien, y confesaron que eran espías de Xicotenga, y todo a la fin que venían. Y Cortés mandó prender hasta diez y siete indios de aquellos espías, y dellos se cortaron las manos, y a otros los dedos pulgares, y los enviamos a su señor Xicotenga; y se les dijo que por el atrevimiento de venir de aquella manera se les ha hecho agora aquel castigo, e digan que vengan cuando quisieren, de día y de noche, que allí le aguardaríamos dos días.

Capítulo LXX

Cómo vinieron a nuestro real los cuatro principales que habían enviado a tratar paces, y el razonamiento que hicieron, y lo que más pasó

Estando en nuestro real sin saber que habían de venir de paz, puesto que la deseábamos en gran manera, vino uno de nuestros corredores del campo a gran priesa y dice que por el camino principal de Tascala vienen muchos indios e indias con cargas. Y Cortés y todos nosotros nos alegramos con aquellas nuevas, porque creímos ser de paz, como lo fue. Luego de todas aquellas gentes que venían con las cargas, se adelantaron cuatro principales, que traían cargo de entender en las paces, y dijeron que todos los caciques de Tascala y vasallos y aliados y amigos y confederados suyos se vienen a meter debajo de la amistad y paces de Cortés. Y después abajaron sus cabezas y pusieron las manos en el suelo y besaron la tierra; luego se fueron y dejaron las indias que traían para hacer pan, y gallinas y todo servicio. Y cuando aquéllo vimos y nos paresció que eran verdaderas las paces, dimos muchas gracias a Dios por ello.

Capítulo LXXI

Cómo vinieron a nuestro real embajadores de Montezuma, gran señor de Méjico, y del presente que trajeron

Como Nuestro Señor Dios, por su gran misericordia, fue servido darnos vitoria de aquellas batallas de Tascala, voló nuestra fama por todas aquellas comarcas y fue a oídos del gran Montezuma a la gran ciudad de Méjico, por manera que temió nuestra ida a su ciudad y despachó cinco principales hombres de mucha cuenta a Tascala y nuestro real para darnos el bien venidos, y envió en presente obra de mill pesos de oro en joyas muy ricas y de muchas maneras labradas, y veinte cargas de ropa fina de algodón; y envió a decir que quería ser vasallo de nuestro gran emperador, y que viese cuánto quería de tributo cada año nuestro gran emperador, que lo dará en oro y plata y ropa y piedras de chalchivis, con tal que no fuésemos a Méjico, y esto que no lo hacía porque de muy buena voluntad no nos acogería, sino por ser la tierra estéril y fragosa.

Capítulo LXXII

Cómo vino Xicotenga, capitán general de Tascala, a entender en las paces, y lo que dijo y lo que nos avino

Estando platicando Cortés con los embajadores de Montezuma, viénenle a decir que venía el capitán Xicotenga con muchos caciques y capitanes. Y le dijo quel venía de parte de su padre y de Maseescasi y de todos los caciques a rogarle que les admitiese a nuestra amistad, y que venía a dar la obidiencia a nuestro rey y señor y a demandar perdón por haber tomado armas y habernos dado guerras, y que si lo hicieron que porque tuvieron por cierto que veníamos de la parte de su enemigo Montezuma. Y Cortés le dio las gracias muy cumplidas con halagos que le mostró. En todas estas pláticas y ofrescimientos estaban presentes los embajadores mejicanos. Y desque se hobo despedido el Xicotenga, dijeron a Cortés medio riyendo, que si creía algo de aquellos ofrescimientos que habían hecho de parte de toda Tascala; que no los creyesen, que eran palabras muy de traidores y engañosas.

Capítulo LXXIII

Cómo vinieron a nuestro real los caciques viejos de Tascala a rogar a Cortés y a todos nosotros que luego nos fuésemos con ellos a su ciudad, y lo que sobrello pasó

Los caciques viejos de toda Tascala acordaron de venir en andas, y otros en hamacas e a cuestas, y otros a pie; los cuales eran Maseescasi, Xicotenga el Viejo e Guaxolocingo, Chichimeca Tecle, Tecapaneca de Topeyanco, los cuales llegaron a nuestro real con otra gran compañía de principales. Y el Xicotenga el Viejo dijo: "Malinchi malinchi: muchas veces te hemos enviado a rogar que nos perdones porque salimos de guerra, e pues ya nos habéis perdonado, lo que agora os venimos a rogar es que vais luego con nosotros a nuestra ciudad, y allí os daremos de lo que tuviésemos". En todos los pueblos por donde pasamos llamaban a Cortés Malinche y ansí lo nombraré de aquí adelante. Y la causa de haberle puesto aqueste nombre es como doña Marina estaba siempre en su compañía.

Capítulo LXXIV

Cómo fuimos a la ciudad de Tascala, y lo que los caciques viejos hicieron, de un presente que nos dieron y cómo trujeron sus hijas y sobrinas, y lo que más pasó

Como los caciques vieron que comenzaba a ir nuestro fardaje camino de su ciudad, se fueron adelante para mantener que todo estuviese muy aparejado para nos rescibir y para tener los aposentos muy enramados. E ya que llegábamos a un cuarto de legua de la ciudad, sálennos a rescibir los mismos caciques que se habían adelantado, y traen consigo sus hijos y sobrinos y muchos principales. Y luego vinieron los papas de toda la provincia. Y vienen otros principales con muy gran aparato de gallinas y pan de maíz y tunas, y otras cosas de legumbres que había en la tierra, y bastecen el real muy cumplidamente; que en veinte días que allí estuvimos siempre lo hobo muy sobrado; y entramos en esta ciudad, como dicho es, en veinte y tres días del mes de setiembre de mill e quinientos y diez y nueve años.

Capítulo LXXV

Cómo se dijo misa estando presentes muchos caciques, y de un presente que trujeron los caciques viejos

Otro día de mañana mandó Cortés que se pusiese un altar para que se dijese misa, porque ya teníamos vino e hostias, y estando presente Maseescasi y el viejo Xicotenga y otros caciques; y acabada la misa, Cortés se entró en su aposento y también los dos caciques viejos, y díjole el Xicotenga que le querían traer un presente. Paresce ser que tenían concertado entre todos los caciques de darnos sus hijas y sobrinas, las más hermosas que tenían que fuesen doncellas por casar. Y Cortés les respondió que se lo teníamos en merced, e que en buenas obras se lo pagaríamos el tiempo andando.

Capítulo LXXVI

Cómo trujeron las hijas a presentar a Cortés y a todos nosotros, y lo que sobrello se hizo

Otro día vinieron los mismos caciques y trujeron cinco indias, hermosas doncellas y mozas, y todas eran hijas de caciques. Y dijo Xicotenga a Cortés: "Malinche: ésta es mi hija, e no ha sido casada, que es doncella, y tomalla para vos". Y Cortés respondió que quiere hacer primero lo que manda Dios Nuestro Señor, y que para que con mejor voluntad tomásemos aquellas sus hijas para tenellas por mujeres, que luego dejen sus malos ídolos y crean y adoren en Nuestro Señor Dios. Y lo que respondieron a todo es: "¿Cómo quieres que dejemos nuestros teules, que desde muchos años nuestros antepasados tienen por dioses y les han adorado y sacrificado? El padre de la Merced, que era hombre entendido e teólogo, dijo: "Señor, no cure vuestra merced de más le importunar sobre esto, que no es justo que por fuerza les hagamos ser cristianos. ¿Y qué aprovecha quitalles agora sus ídolos de un cue y adoratorio si los pasan luego a otros?".

Capítulo LXXVII

Cómo Cortés preguntó a Maseescasi e a Xicotenga por las cosas de Méjico, y lo que en la relación dijeron

Luego Cortés les preguntó muy extenso las cosas de Méjico, y Xicotenga, como era más avisado y gran señor, tomó la mano a hablar, y dijo que tenía Montezuma tan grandes poderes de gente de guerra, y que es tan gran señor que todo lo que quiere tiene, y que en las casas que vive tiene llenas de riquezas y piedras, y que todas las riquezas de la tierra están en su poder. Y luego dijeron de la gran fortaleza de su ciudad, de la manera ques la laguna y la hondura del agua, y de las calzadas que hay por donde han de entrar en la ciudad, y la manera cómo se provee la ciudad de agua dulce desde una fuente que se dice Chapultepeque. Y luego contaron de la manera de las armas, hechas de arte que cortan más que navajas.

Capítulo LXXVIII

Cómo acordó nuestro capitán Hernando Cortés que todos nuestros capitanes y soldados que fuésemos a Méjico, y lo que sobrello pasó

Viendo nuestro capitán que había ya diez y siete días questabamos holgando en Tascala y oíamos decir de las grandes riquezas de Montezuma y su próspera ciudad, acordó ir adelante. Y pues viendo Xicotenga y Maseescasi, señores de Taxcala, que de hecho queríamos ir a Méjico, le dijeron a Cortés que no se confiase poco ni mucho de Montezuma ni de ningún mejicano, y que de noche y de día se guardase muy bien dellos, porque nos darían guerra. Y nuestro capitán les dijo que se lo agradescía el buen consejo. Y estando platicando sobre el camino que habíamos de llevar para Méjico, decían que el mejor camino y más llano era por la ciudad de Cholula, por ser vasallos del gran Montezuma, donde recibiríamos servicio, y a todos nosotros nos paresció bien que fuésemos a aquella ciudad.

Capítulo LXXIX

Cómo el gran Montezuma envió cuatro principales hombres de mucha cuenta con un presente de oro y mantas, y lo que dijeron a nuestro capitán

Estando platicando Cortés con todos nosotros y con los caciques de Tascala sobre nuestra partida, viniéronle a decir que llegaron cuatro embajadores de Montezuma, con presentes de ricas joyas de oro y de muchos géneros de hechuras. Y le dijeron aquellos embajadores a Cortés, por parte de su señor Montezuma, que se maravillaba mucho de nosotros estar tantos días entre aquellas gentes pobres y sin policía, que aun para esclavos no son buenos, por ser tan malos y traidores y robadores, y que nos rogaba que fuésemos luego a su ciudad, y que nos daría de lo que tuviese. Aquesto hacía Montezuma por sacarnos de Tascala. Los de Tascala dijeron a nuestro capitán que todos eran señores de pueblos y vasallos, con quien Montezuma enviaba a tratar cosas de mucha importancia. Entonces Cortés les dijo quél iría muy presto a ver al señor Montezuma, y les rogó questuviesen algunos días allí con nosotros. Y quedaron en rehenes cuatro de aquellos embajadores.

Capítulo LXXX

Cómo enviaron los de Cholula cuatro indios de poca valía a desculparse por no haber venido a Tascala, y lo que sobrello pasó

Nuestro capitán envió mensajeros a Cholula para que nos viniesen a ver a Tascala los caciques de aquella ciudad. A ellos paresciόles que sería bien enviar cuatro indios de poca valía a desculparse e a decir que por estar malos no venían, y no trajeron bastimento ni otra cosa. Y al verlos, los caciques de Tascala dijeron a nuestro capitán que para hacer burla dél enviaban los de Cholula aquellos maceguales; por manera que Cortés les tornó a enviar luego con otros cuatro indios de Cempoal, avisándoles que viniesen dentro de tres días hombres principales, e que si no venían que los ternía por rebeldes. Y desque oyeron aquella embajada respondieron que no habían de venir a Tascala, porque son sus enemigos, e que vamos a su ciudad y salgamos de los términos de Tascala, y si no hicieren lo que deben, que los tengamos por tales como les enviamos a decir. E viendo nuestro capitán que la excusa que decían era muy justa, acordamos de ir allá.

Capítulo LXXXI

Cómo fuimos a la ciudad de Cholula y del gran recibimiento que nos hicieron

E yendo por nuestro camino, ya cerca de la población de Cholula nos salieron a rescibir los caciques e papas e otros muchos indios, e venían muy de paz e de buena voluntad. He parecer aquellos papas y principales, como vieron los indios tascaltecas que con nosotros venían, dijeron que no era bien que de aquella manera entrasen sus enemigos con armas en su ciudad. Y luego vinieron tres principales y dos papas, y dijeron: "Malinche: perdónanos porque no fuemos a Tascala a te ver e llevar comida, no por falta de voluntad, sino por nuestros enemigos Maseescasi e Xicotenga". Y que le piden por merced que les mande volver a sus tierras, o al de menos que se queden en el campo e que no entren de aquella manera en su ciudad. E como el capitán vio la razón que tenían, mandó luego a Pedro de Alvarado e al maestre de campo, que era Cristóbal de Olí, que rogasen a los tascaltecas que allí en el campo hiciesen sus ranchos e chozas e que no entrasen con nosotros.

Capítulo LXXXII

Cómo tenían concertado en esta ciudad de Cholula de nos matar por mandado de Montezuma, y lo que sobrello pasó

Montezuma había mandado a sus embajadores que con nosotros estaban que tratasen con los de Cholula que con un escuadrón de veinte mill hombres que tenía apercebidos para en entrando en aquella ciudad que todos nos diesen guerra. E dejémoslo agora, e vamos a decir que nos dieron muy bien de comer los dos días primeros, e al tercero ni nos daban de comer ni parescía cacique ni papa. E en aquel mismo día vinieron otros embajadores del

Montezuma, e dijeron a Cortés que su señor les enviaba a decir que no fuésemos a su ciudad porque no tenía qué nos dar de comer. E desque aquello vio Cortés, envió a llamar al cacique principal. Y el cacique estaba tan cortado, que no acertaba a hablar, y dijo que la comida que la buscarían; mas que su señor Montezuma les ha enviado a mandar que no la diesen. Y estando en estas pláticas vinieron tres indios de los de Cempoal, y secretamente dijeron a Cortés que han hallado hoyos en las calles encubiertos con madera e tierra encima, llenos de estacas muy agudas, para matar los caballos si corriesen, e Cortés ordenó a sus capitanes y los tascaltecas questuviesen muy aparejados si les enviásemos a llamar. Una india vieja, mujer de un cacique, como sabía el concierto que tenían ordenado, vino secretamente a doña Marina, y aconsejó que se fuese con ella a su casa si quería escapar la vida, porque ciertamente aquella noche nos habían de matar a todos. Entonces doña Marina entra de presto donde estaba el capitán y le dice todo lo que pasó con la india. Y Cortés comenzó a decir a los caciques que a qué causa nos querían matar; y que bien se ha parescido su mala voluntad y las traiciones, que no las pudieron encubrir, que aun de comer no nos daban, e que por su delito que han de morir. E luego mandó soltar una escopeta, que era la señal que teníamos apercebida para aquel efeto, y se les dio una mano que se les acordará para siempre; porque matamos muchos dellos.

Capítulo LXXXIII

De ciertas pláticas e mensajeros que enviamos al gran Montezuma

Como habían ya pasado catorce días questábamos en Cholula y no teníamos más en qué entender, fue acordado que blanda y amorosamente enviásemos a decir al gran Montezuma, que sus vasallos tenían ordenada una traición con pensamiento de nos matar, y porque somos hombres que tenemos tal calidad, castigamos algunos que querían ponerlo por obra. Y lo peor de todo es que dijeron los papas e caciques que por consejo e mandado dél y de sus embajadores lo querían hacer. Lo cual nunca creímos que tan gran señor como él es tal mandase, especialmente habiéndose dado por nuestro amigo. E como el Montezuma oyó esta embajada y entendió que por lo de Cholula no le poníamos toda la culpa, tornó a entrar con sus papas en ayunos e sacrificios.

Capítulo LXXXIV

Cómo el gran Montezuma envió un presente de oro, y lo que envió a decir, y cómo acordamos de ir camino de Méjico, y lo que más acaesció sobre ello

Después de muchos acuerdos que tuvo, el gran Montezuma envió seis principales con un presente de oro y joyas, que dijeron a Cortés: "Nuestro señor, el gran Montezuma, te envía este presente, y dice que le pesa del enojo que le dieron los de Cholula, e que tuviésemos por muy cierto que era nuestro amigo e que vamos a su ciudad cuando quisiéremos, e porque no tiene que nos dar de comer, no lo podrá hacer tan cumplidamente, quél procurará de hacernos toda la más honra que pudiere, y que por los pueblos por donde habíamos de pasar quél ha mandado que nos den le que hobiésemos menester". Cortés rescibió aquel presente con muestras de amor, e dijo que solamente había menester mill indios para llevar los tepuzquez e fardaje e para adobar algunos caminos.

Capítulo LXXXV

Cómo comenzamos a caminar para la ciudad de Méjico, y lo que en el camino nos avino, y lo que Montezuma envió a decir

Otro día comenzamos a caminar, e a hora de misas mayores llegamos a un pueblo que ya he dicho que se dice Tamanalco, e nos recibieron bien, e de comer no faltó, e como supieron de otros pueblos de nuestra llegada, trujeron un presente de oro y dos cargas de mantas e ocho indias. Y Cortés lo recibió con grande amor, y se les ofresció que en todo lo que hobiesen menester les ayudaría; e que veníamos a deshacer agravios e robos. Y todos aquellos pueblos dan tantas quejas de Montezuma e de sus recaudadores, que les robaban cuanto tenían, e que les hacían trabajar como si fueran esclavos. E Cortés les consoló, les dijo quél les quitaría aquel dominio, que le diesen veinte hombres principales que vayan en nuestra compañía, y que haría mucho por ello e les haría justicia desque haya entrado en Méjico. Y con alegre rostro todos los de aquellos pueblos dieron buenas respuestas, y nos trujeron los veinte indios.

Capítulo LXXXVI

Cómo el gran Montezuma nos envió otros embajadores con un presente de oro y mantas, y lo que dijeron a Cortés, y lo que les respondió

Ya questábamos de partida para ir nuestro camino a Méjico, vinieron ante Cortés cuatro principales mejicanos que envió Montezuma y trujeron un presente de oro y mantas, y dijeron: "Malinche: este presente te envía nuestro señor el gran Montezuma, y dice que le pesa mucho por el trabajo que habéis pasado en venir de tan lejos tierras a le ver, e agora te pide que te vuelvas por donde viniste, quel te promete de te enviar al puerto mucha cantidad de oro y plata y ricas piedras para ese vuestro rey, y para ti te dará cuatro cargas de oro, y para cada uno de tus hermanos una carga". Cortés les respondió que se maravillaba del señor Montezuma, siendo tan gran señor, tener tantas mudanzas, y que de una manera o de otra que habíamos de entrar en su ciudad, e que ya vamos camino, que haya por bien nuestra ida. Como oyó la respuesta de Cortés, Montezuma acordó de enviar a un sobrino, que se decía Cacamatzin, señor de Tezcuco, a dar el bienvenido a Cortés. Cacamatzin venía en andas muy ricas, labradas de plumas verdes y mucha argentería y otras ricas pedrerías. Le dijo a Cortés: "Malinche: aquí venimos yo y estos señores a te servir e hacerte dar todo lo que hobieres menester para ti y tus compañeros, porque así nos es mandado por nuestro señor el gran Montezuma". Y Cortés le abrazó, e luego nos partimos, y llegamos a la calzada ancha y vamos camino de Estapalapa. Desque vimos tantas ciudades y villas pobladas en el agua, y aquella calzada tan derecha, nos quedamos admirados. Los palacios donde nos aposentaron eran grandes y bien labrados, de cantería muy prima, y a madera de cedros. En la huerta e jardín había diversidad de árboles y olores, y andenes llenos de rosas y flores, y muchos frutales y rosales de la tierra, y un estanque de agua dulce, y otra cosa de ver: que podían entrar en el vergel grandes canoas desde la laguna por una abertura que tenían hecha, sin saltar en tierra, e todo muy encalado y lucido, y aves de muchas diversidades y raleas. Agora todo está por el suelo, perdido, que no hay cosa en pie.

Capítulo LXXXVII

Del grande y solene rescibimiento que nos hizo el gran Montezuma a Cortés y a todos nosotros en la entrada de la gran ciudad de Méjico

Cuando llegamos a una calzadilla que iba a Cuyuacan, vinieron muchos principales que enviaba el gran Montezuma a recebirnos. Y desde allí se adelantaron Cacamatzin, señor de Tezcuco, y el señor de Estapalapa, y el señor de Tacuba y el señor de Cuyuacán a encontrarse con el gran Montezuma, que venía cerca, en ricas andas. Ya que llegábamos cerca de Méjico, se apeó el gran Montezuma, que venía muy ricamente ataviado, con suelas de oro y pedrería; y otros muchos señores que venían delante barriendo el suelo por donde había de pisar, le ponían mantas por que no tocase la tierra. Todos estos señores ni por pensamiento le miraban en la cara. Nos llevaron aposentar a unas grandes casas, y Montezuma se fue a sus palacios, que no estaban lejos. Ésta fue nuestra venturosa e atrevida entrada en la gran ciudad de Tenustitán, Méjico, a ocho días del mes de noviembre año de Nuestro Salvador Jesucristo de mill e quinientos y diez y nueve años.

Capítulo LXXXVIII

Cómo el gran Montezuma vino a nuestros aposentos con muchos caciques que le acompañaban, e la plática que tuvo con nuestro capitán

Como el gran Montezuma hobo comido, vino a nuestro aposento con gran copia de principales con gran pompa. E como a Cortés le dijeron que venía, le salió a mitad de la sala a recibir. El Montezuma dijo a nuestro capitán que se holgaba de tener en su casa e reino unos caballeros tan esforzados. Y tenía apercebido muy ricas joyas de oro y de muchas hechuras, que dio a nuestro capitán, e ansimismo a cada uno de nuestros capitanes dio cositas de oro y tres cargas de mantas de labores ricas de plumas; y entre todos los soldados también nos dio a cada uno a dos cargas de mantas. Y había mandado el Montezuma a sus mayordomos que estuviésemos proveídos, con maíz e piedras e indias para hacer pan, e gallinas y fruta, y mucha hierba para los caballos.

Capítulo LXXXIX

Cómo luego otro día fue nuestro capitán a ver al gran Montezuma, y de ciertas práticas que tuvieron

Otro día acordó Cortés de ir a los palacios de Montezuma con cuatro capitanes, Pedro de Alvarado e Juan Velázquez de León e Diego de Ordaz e Gonzalo de Sandoval, y también fuimos cinco soldados. Y como el Montezuma lo supo, salió a nos rescebir muy acompañado de sus sobrinos. E Cortés les comenzó a hacer un razonamiento, y les dijo que éramos cristianos e adoramos a un solo Dios verdadero, que se dice Jesucristo; e que aquellos que ellos tienen por dioses, que no lo son, sino diablos. E porque paresció quel Montezuma quería responder, cesó Cortés la práctica. Y el Montezuma respondió: "Malinche: bien sé que te han dicho esos de Tascala, que yo soy como dios o teule, e que cuanto hay en mis casas es todo oro e plata y piedras ricas; bien tengo conoscido que como sois entendidos, que no lo creeríades y lo terníades por burla". E Cortés le respondió también riendo, e dijo que los contrarios enemigos siempre dicen cosas malas. E nos despedimos con grandes cortesías dél, y nos fuimos a nuestros aposentos.

Capítulo XC

De la manera e persona del gran Montezuma, y de cuán grande señor era

Era el gran Montezuma de edad de hasta cuarenta años y de buena estatura e bien proporcionado, y la color ni muy moreno, sino propia color e matiz de indio, y traía los cabellos no muy largos, y el rostro algo largo e alegre, e los ojos de buena manera, e mostraba en su persona, en el mirar, amor e cuando era menester gravedad; era muy polido e limpio, bañándose cada día una vez, a la tarde; tenía muchas mujeres por amigas, que cuando usaba con ellas era tan secretamente que no lo alcanzaban a saber sino alguno de los que le servían. Tenía sobre docientos principales de su guarda, y cuando le iban a hablar se habían de quitar las mantas ricas y ponerse otras de poca valía, mas habían de ser limpias, y habían de entrar descalzos y los ojos bajos, puestos en tierra, y no miralle a la cara, y con tres reverencias que le hacían e le decían en ellas; "Señor, mi señor, mi gran señor"; no le volvían las espaldas al despedirse dél, sino la cara e ojos bajos, en tierra.

Capítulo XCI

Cómo nuestro capitán salió a ver la ciudad de Méjico y el Tatelulco, ques la plaza mayor, y el gran cu de su Vichilobos, y lo que más pasó

Nos dijo Cortés que sería bien ir a la plaza mayor y ver el gran adoratorio de su Vichilobos. Y el Montezuma, como lo supo, envió a decir que fuésemos en buen hora, y por otra parte temió no le fuésemos a hacer algún deshonor en sus ídolos, y acordó de ir él en persona. Fuimos al gran cu, e antes que subiésemos ninguna grada dél envío el gran Montezuma desde arriba, donde estaba haciendo sacrificios, seis papas y dos principales para que acompañasen a nuestro capitán. Y desde lo alto vimos las tres calzadas que entran en Méjico, ques la de Istapalapa, la de Tacuba y la de Tepeaquilla. Y víamos el agua dulce que venía de Chapultepec, de que se proveía la ciudad. Entre nosotros hobo soldados que habían estado en muchas partes del mundo, e en Constantinopla e en toda Italia y Roma, y dijeron que plaza tan bien compasada y con tanto concierto y tamaño e llena de tanta gente no la habían visto.

Capítulo XCII

Cómo hicimos nuestra iglesia e altar en nuestro aposento, e hallamos la sala y recámara del tesoro del padre de Montezuma, y de cómo se acordó prender al Montezuma

Nuestro capitán Cortés demandó a los mayordomos del gran Montezuma albañiles para que en nuestro aposento hiciésemos una iglesia. Pero cuando mirábamos a dónde mejor e más convenible parte habíamos de hacer el altar, uno de nuestros soldados vio en una pared como señal que había sido puerta, y como había fama que en aquel aposento tenía Montezuma el tesoro de su padre

Axayaca, sospechóse questaria en aquella sala, y secretamente se abrió la puerta. Y desque fue abierta y Cortés con ciertos capitanes entraron primero y vieron tanto número de joyas de oro e en planchas, y otras muy grandes riquezas, no supieron qué decir de tanta riqueza. E acordóse que la misma puerta se tornase a cerrar, y encalóse de la manera que la hallamos, y que no se hablase en ello por que no lo alcanzase a saber Montezuma hasta ver otro tiempo. En fin de más razones fue acordado que aquel mesmo día se prendiese Montezuma, o morir todos sobrello.

Capítulo XCIII

Cómo fue la batalla que dieron los capitanes mejicanos a Juan de Escalante, y cómo le mataron a él e al caballo y a seis soldados y a muchos amigos indios totonaques que también allí murieron

Cuando partimos de Cempoal para venir a Méjico, quedó en la Villa Rica por capitán y alguacil mayor de la Nueva España un Juan de Escalante, amigo de Cortés. Y como el gran Montezuma tenía muchas guarniciones y capitanes de gente de guerra en todas las provincias, demandaron tributos de indios y bastimento para sus gentes, y ellos dijeron que no se lo querían dar, porque Malinche les mandó que no lo diesen. Y los capitanes mejicanos respondieron que si no lo daban que vernían a destruir sus pueblos y llevallos cativos, y que su señor Montezuma se lo había mandado de poco tiempo acá. Y los totonaques vinieron al capitán Juan de Escalante e quéjanse reciamente de los mejicanos. Y Juan de Escalante apercibió todos los pueblos nuestros amigos de la sierra que viniesen con sus armas, y en el campo se encontraron al cuarto del alba; pero quedó mal herido, y dende a tres días murió él y los soldados.

Capítulo XCIV

De la prisión del gran Montezuma y lo que sobrello se hizo

Nuestro capitán hizo saber al Montezuma que iba a su palacio. Y el Montezuma bien entendió, poco más o menos, que iba enojado por lo de Escalante. Y como entró Cortés, le dijo: "Señor Montezuma: muy maravillado de vos estoy de mandar a vuestros capitanes para matar un español". Y que convenía que se vaya con nosotros. Y que si alboroto o voces daba, que luego sería muerto. Cuando esto oyó el Montezuma, estuvo muy espantado, y respondió que nunca mandó que tomasen armas contra nosotros, y que llamaría a sus capitanes y los castigaría. Y en lo de ir preso, que no era persona la suya para que tal le mandase e que no era su voluntad salir. Tornó a decir Cortés que su persona había de ir con ellos, y en fin de muchas razones que pasaron, dijo que él iría de buena voluntad. Y luego le vinieron a ver todos los mayores principales mejicanos y sus sobrinos a hablar con él y a saber la causa de su prisión, y si mandaba que nos diesen guerra. Y entonces llegaron los capitanes que mataron nuestros soldados. Y sin más gastar razones, Cortés los sentenció a que fuesen quemados delante los palacios del Montezuma.

Capítulo XCV

Cómo nuestro Cortés envió a la Villa Rica por teniente y capitán a un hidalgo que se decía Alonso de Grado

Después de hecha justicia de Quetzalpopoca y sus capitanes, acordó nuestro capitán de enviar a la Villa Rica por teniente della a un soldado que se decía Alonso de Grado, porque era hombre muy entendido y de buena plática y presencia, y músico e gran escribano. Este Alonso de Grado era uno de los que siempre fue contrario de nuestro Cortés para que no fuésemos a Mejico y nos volviésemos a la Villa Rica. El Alonso de Grado le suplicó que le hiciese merced de la vara de alguacil mayor como la tenía el Juan de Escalante, que mataron los indios, e Cortés le dijo que ya la había dado a Gonzalo de Sandoval, e que para él, que no le faltaría, el tiempo andando, otro oficio muy honroso, e que se fuese con Dios. Y como el Alonso de Grado llegó a la villa, demandaba joyas de oro, e indias hermosas. Todo lo cual muy en posta se lo hicieron saber por cartas a Cortés a Méjico y como lo supo, ordenó a Gonzalo de Sandoval que lo enviara preso a Méjico.

Capítulo XCVI

Cómo estando el gran Montezuma preso, siempre Cortés y todos nuestros soldados le festejamos y regocijamos

Nuestro capitán procuraba cada día, después de haber rezado (que entonces no teníamos vino para decir misa), de irle a tener palacio al Montezuma, y le preguntaban que qué tal estaba y que mirase lo que manda, que todo se haría, y que no tuviese congoja de su prisión. El Montezuma era tan bueno, que a todos nos daba joyas, a otros mantas e indias hermosas. Como en aquel tiempo yo era mancebo, y siempre questaba en su guarda o pasaba delante dél con muy gran acato le quitaba mi bonete de armas, me mandó llamar e me dijo: "Bernal Díaz del Castillo, hánme dicho que tenéis motolinea de ropa y oro, y os mandaré dar hoy una buena moza; tratadla muy bien, ques hija de hombre principal; y también os darán oro y mantas." Yo le respondí, con mucho acato, que le besaba las manos por tan gran merced, y que Dios Nuestro Señor le prosperase.

Capítulo XCVII

Cómo Cortés mandó hacer dos bergantines de mucho sostén, y cómo el gran Montezuma dijo a Cortés que le diese licencia para ir a hacer oración a sus templos

Cortés fue a hacer saber al gran Montezuma que quería hacer dos navíos chicos para se andar holgando en la laguna; y como había muchos carpinteros de los indios, fueron de presto hechos y calafateados y breados y puestos sus jarcias. El Montezuma dijo a Cortés que quería salir e ir a sus templos y cumplir sus devociones. Y Cortés le dijo que no hiciese cosa con que perdiese la vida, y que para ello enviaba soldados para que lo matasen en sintiendo alguna novedad de su persona, e que vaya mucho en buena hora, y que no sacrificase ningunas personas. Ya que llegábamos cerca del maldito templo, el Montezuma mandó que le sacasen de las andas, y fue arrimado a hombros de sus sobrinos y de otros caciques. Y desque hobo hecho sus sacrificios, nos volvimos con él a nuestros aposentos, y estaba muy alegre; y a los soldados que con él fuimos nos hizo merced de joyas de oro.

Capítulo XCVIII

Cómo echamos los dos bergantines al agua y cómo el gran Montezuma dijo que quería ir a caza

Montezuma dijo a Cortés que quería ir a caza en la laguna a un peñol questaba acotado. Y Cortés le dijo que fuese mucho en buen hora, y que mirase lo que de antes le había dicho; y que en aquellos bergantines iría, que era mejor navegación ir en ello que en sus canoas. Y el Montezuma mató toda caza que quiso de venados y liebres y conejos, y volvió muy contento a la ciudad. Era tan gran príncipe, que no solamente le traían tributos de todas las más partes de la Nueva España y señoreaba tantas tierras y todas bien obedecido, que aun estando preso sus vasallos temblaban dél. Dejemos esto y digamos cómo la adversa fortuna vuelve de cuando en cuando su rueda. En aqueste tiempo tenían convocado entre los sobrinos y deudos del gran Montezuma a otros muchos caciques y a toda la tierra para darnos guerra y soltar al Montezuma y alzarse algunos dellos por reyes de Méjico.

Capítulo XCIX

Cómo los sobrinos del gran Montezuma andaban convocando e atrayendo a si las voluntades de otros señores para venir a Méjico y sacar de la prisión al gran Montezuma

Desque el Cacamatzin, señor de la ciudad de Tezcuco, ques, después de Méjico, la mayor y más principal ciudad que hay en la Nueva España, entendió que hacía muchos días questaba preso su tío Montezuma, acordó de convocar a todos los señores de Tezcuco sus vasallos, e al señor de Cuyuacán, que era su primo y sobrino del Montezuma, e al señor de Tacuba, e al señor de Iztapalapa e a otro cacique muy grande, señor de Matalcingo, y este cacique era muy valiente por su persona entre los indios, para en tal día viniesen con todos sus poderes y nos diesen guerra. Montezuma lo supo, y como era cuerdo y no quería ver su ciudad puesta en armas ni alborotos, se lo dijo a Cortés. Y Cortés le envió a decir al Cacamatzin que se quitase de andar revolviendo guerra, que será causa de su perdición. Y como el Cacamatzin era mancebo y halló otros muchos de su parescer, le respondió que ni conocía a rey ni quisiera haber conocido a Cortés, que con palabras blandas prendió a su tío. Desque envió aquella respuesta, nuestro capitán rogó al Montezuma que prendiesen al Cacamatzín. Y Montezuma envió a decir a los capitanes de Tezcuco que mandaba llamar a su sobrino para hacer las amistades. Y Cacamatzín acordó de enviar a decir a su tío que había de tener empacho envialle a decir que venga a tener amistad con quien tanto mal y deshonra le ha hecho teniéndole preso. Y cuando el gran Montezuma oyó aquella respuesta rescibió mucho enojo, y envió a llamar seis de sus capitanes para que ciertos capitanes y parientes questaban muy mal con el Cacamatzín, lo prendiesen. Ya todo esto hecho, como los caciques y reyezuelos, sobrinos del gran Montezuma, que eran el señor de Cuyuacán, e el señor de lztapalapa, y el de Tacuba, vieron y oyeron la prisión del Cacamatzín no le venían a hacer palacio como solían. Y con acuerdo de Cortés, que le convocó e atrajo al Montezuma para que los mandase prender, en ocho días todos estuvieron presos en la cadena gorda.

Capítulo C

Cómo el gran Montezuma, con muchos caciques y principales de la comarca, dieron la obidiencia a Su Majestad, y de otras cosas que sobrello pasó

Como el capitán Cortés vio que ya estaban presos aquellos reyecillos y todas las ciudades pacíficas, dijo a Montezuma que será bien quél y todos sus vasallos le den la obediencia. Y el Montezuma dijo que juntaría sus vasallos y hablaría sobrello, y en diez días se juntaron todos los más caciques de aquella comarca. Les dijo: "Lo que yo os mando es que se lo demos e contribuyamos con alguna señal de vasallaje, y mira que en diez y ocho años ha que soy vuestro señor siempre me habéis sido muy leales, e yo os he enriquecido e ensanchado vuestras tierras." E desque oyeron este razonamiento, todos dieron por respuesta que harían lo que mandase, y con muchas lágrimas y sospiros, y el Montezuma muchas más.

Capítulo CI

Cómo nuestro Cortés procuró de saber de las minas del oro y de qué calidad eran

Estando Cortés e otros capitanes con el gran Montezuma teniéndole palacio, le preguntó que a qué parte eran las minas, y de qué manera cogían el oro que le traían en granos, porque quería enviar a vello dos de nuestros soldados, grandes mineros. Y el Montezuma dijo que de tres partes, de una provincia que se dice Zacatula, al Sur, de Tustepeque, e que cerca de aquella provincia hay otras buenas minas en parte que no son sus subjetas, que se dicen los Chinantecas y Zapotecas. Y Cortés le dio las gracias por ello, y luego despachó a Gonzalo de Umbría con otros dos soldados mineros a lo de Zacatula. E por la banda de Norte despachó para ver las minas a un capitan que se decía Pizarro. Ya partidos para ver las minas, le dio el gran Montezuma a nuestro capitan, en un paño de henequén, pintados y señalados muy al natural todos los ríos e ancones que había en la costa del Norte desde Pánuco hasta Tabasco.

Capítulo CII

Cómo volvieron los capitanes que nuestro Cortés envió a ver las minas

El primero que volvió a la ciudad de Méjico a dar razón de lo que Cortés le envió fue el Gonzalo de Umbría e sus compañeros, y trajeron obra de trecientos pesos en granos, que sacaron delantedellos los indios de un pueblo que se dice Zacatula. Y Cortés se holgó tanto con el oro como si fueran treinta mill pesos, en saber cierto que había buenas minas. Y decía el Umbría que no muy lejos de Méjico había grandes poblaciones y de gente polida, y paresce ser eran los pueblos del pariente del Montezuma. El Pizarro y un soldado trujeron sobre mill pesos de granos de oro, sacado de las minas. Cortés rescibió bien al Pizarro y tomó el presente que le dieron, y porque han pasado muchos años no me acuerdo qué tanto era.

Capítulo CIII

Cómo Cortés dijo al gran Montezuma que mandase a todos los caciques de toda su tierra que tributasen a Su Majestad; pues comúnmente sabían que tenían oro, y lo que sobrello se hizo

Pues como el capitán Diego de Ordaz y los demás soldados vinieron con muestras de oro y relación que toda la tierra era rica, Cortés, con consejo de Ordaz, acordó de decir y demandar al Montezuma que todos los caciques y pueblos de la tierra tributasen a Su Majestad, y quél mesmo, como gran señor, también diese de sus tesoros. Y respondió quél enviaría por todos los pueblos a demandar oro, mas que muchos dellos no lo alcanzaban. Y de presto despachó principales a las partes donde había minas y les mandó que diese cada pueblo tributo. En obra de veinte días vinieron todos los principales que Montezuma había enviado a cobrar los tributos del oro, y así como vinieron envió a llamar a Cortés, y le dijo: "Toma ese oro que se ha recogido: por ser de priesa no se trae más. Lo que yo tengo aparejado para el emperador es todo el tesoro que he habido de mi padre y questá en vuestro poder y aposentos." Y desque aquello le oyó Cortés y todos nosotros, estuvimos espantados de la gran bondad y liberalidad del gran Montezuma, que en aquella hora envió sus mayordomos para entregar todo el tesoro de oro y riqueza questaba en aquella sala. Y digo que era tanto, que después de deshecho eran tres montones de oro, y pesado hobo en ellos sobre seiscientos mill pesos, sin la plata e otras muchas riquezas, y no cuento con ello los tejuelos y planchas de oro y el oro en granos de las minas. Y traen otro presente por sí de lo que el gran Montezuma había dicho que daría, que fue cosa de admiración de tanto oro, y las riquezas de otras joyas que trujo, pues las piedras chalchivis eran tan ricas que valían mucha cantidad de oro. Pues las tres cervatanas con sus bodoqueras, los engastes que tenían de pedrerías e perlas y las pinturas de pluma y de pajaritos llenos de aljófar y otras aves, todo era de gran valor. Dejemos de decir de penachos y plumas, y otras muchas cosas ricas, y las joyas ricas que nos paresció que no eran para deshacer.

Capítulo CIV

Cómo se repartió el oro que hobimos, así de lo que dio el gran Montezuma como lo que se recogió de los pueblos, y de lo que sobrello acaesció a un soldado

Lo primero se sacó el real quinto, y luego Cortés dijo que le sacasen a él otro quinto como a Su Majestad. Luego tras esto dijo que había hecho cierta costa en la isla de Cuba, que gastó en el armada; que lo sacasen del montón, y demás desto, que se apartase del mismo montón la costa que había hecho Diego Velázquez en los navíos, para los procuradores que fueron a Castilla, para los que quedaban en la Villa Rica, que eran setenta vecinos, para el caballo que se le murió, para la yegua de Juan Sedeño que mataron los de Tascala, para el fraile de la Merced y el clérigo Juan Díaz, y los capitanes, y los que traían caballos dobladas partes, e escopeteros y ballesteros por el consiguiente, de manera que quedaba muy poco de parte que muchos soldados hobo que no lo quisieron rescibir, y con todo se quedaba Cortés, pues en aquel tiempo no podíamos hacer otra cosa sino callar. Las partes que quedaban a los de la Villa Rica se lo mandó llevar a Tascala para que allí se lo guardasen. Dejemos de hablar en el oro y de lo mal que se repartió y peor se gozó, y diré lo que a un soldado que se decía Fulano de Cárdenas le acaesció. Aquel soldado tenía en su tierra mujer e hijos, y, como a muchos nos acontesce, debría destar pobre, y vino a buscar la vida para volverse a su mujer e hijos, e como había visto tanta riqueza en oro, y al repartir dello vio que no le daban sino cien pesos, cayó malo de pensamiento y tristeza, y dijo a un su amigo: "¡Que muera mi mujer e hijos de hambre pudiéndolo socorrer! Si Cortés me diera mi parte de lo que me cabía, con ello se sostuvieran mi mujer e hijos, y aun les sobraran; mas mira qué embustes tuvo, e lo que escondió". Esto lo alcanzó a saber Cortés, y dijo que todo lo que tenía era para nosotros, y que él no quería quinto, sino la parte que le cabe de capitán general. Y demás desto llamó aparte al Cárdenas y con palabras le halagó, y le dio trecientos pesos.

Capítulo CV

Cómo hobieron palabras Juan Velázquez de León y el tesorero Gonzalo Mexia sobre el oro que faltaba de los montones antes que se fundiese, y lo que Cortés hizo sobre ello

Como el oro comúnmente todos los hombres lo deseamos, y mientras unos más tienen más quieren, acontesció que como faltaban muchas piezas del oro conocidas de los montones, y como Gonzalo Mexía, que era tesorero, le dijo secretamente a Juan Velázquez de León que se las diese, y el, que era muy privado de Cortés, dijo que no le quería dar ninguna cosa. Gonzalo Mexía respondió que bastaba lo que Cortés había escondido y tomado a los compañeros, y todavía como tesorero demandaba mucho oro que no se había pagado el real quinto, y de palabras en palabras vinieron a se desmandar y echaron mano a las espadas, y si de presto no los metiéramos en paz, entrambos a dos acabaran allí sus vidas. Y como Cortés lo supo, los mandó echar presos cada uno en una cadena gorda. Y paresce ser que secretamente habló Cortés al Juan Velázquez de León, que se estuviese preso dos días en la misma cadena, por que viésemos todos que hacía justicia. He traído esto aquí a la memoria, para que vean que Cortés, so color de hacer justicia, por que todos le temiésemos, era con grandes mañas.

Capítulo CVI

Cómo el gran Montezuma dijo a Cortés que le quería dar una hija de las suyas para que se casase con ella, y lo que Cortés le respondió, y todavía la tomó, y la servían y honraban como hija de tal señor

Un día le dijo el Montezuma a Cortés: "Mira, Malinche, qué tanto os amo, que os quiero dar a una hija mía muy hermosa para que la tengáis por vuestra legítima mujer". Y Cortés le dijo que era gran merced, mas que era casado, y que él la ternía en aquel grado que hija de tan gran señor meresce, y que primero quiere se vuelva cristiana. Y Montezuma lo hobo por bien, mas he de un día en otro no cesaba sus sacrificios. Y Cortés tomó consejo con nuestros capitanes de que hiciese que quería derrocar los ídolos del alto Huichilobos, y si viésemos que se ponían en defendello o que se alborotaban, que demandase licencia para hacer un altar en una parte del cu y poner un crucifijo e una imagen de Nuestra Señora. Y fue Cortés y se lo dijo al Montezuma, que desque esto oyó dijo: "¡Oh, Malinche, como nos queréis echar a perder a toda esta ciudad!" Y con semblante muy triste dijo quél lo trataría con los papas; y en fin de muchas palabras que sobrello hobo se puso en un días del mes de dos de mill e quinientos y diez y nueve años.

Capítulo CVII

Cómo el gran Montezuma dijo a nuestro capitán Cortés que se saliese de Méjico con todos los soldados, porque se querían levantar todos los caciques y papas y darnos guerra

Como habíamos puesto en el gran cu la imagen de Nuestra Señora y la cruz, parece ser que los Vichilobos e el Tezcatepuca hablaron con los papas y les dijeron que se querían ir de su provincia, pues tan mal tratados son de los teules, e que adonde están aquellas figuras y cruz que no quieren estar, e que se lo dijesen a Montezuma y a todos sus capitanes que luego comenzasen la guerra y nos matasen. Y el gran Montezuma envió a llamar a Cortés, y le dijo: "¡Oh señor Malinche y señores capitanes: os digo que salgáis desta ciudad, si no mataros han". Y Cortés le dijo que se lo tenía en merced el aviso, y que al presente de dos cosas le pesaba: no tener navíos en que se ir, que los mandó quebrar los que trujo, y la otra, que por fuerza había de ir el Montezuma con nosotros para que le vea nuestro gran emperador, y que le pide por merced que tenga por bien que, hasta que se hagan tres navíos en el Arenal, que detenga a los papas y capitanes. E el Montezuma estuvo muy más triste que de antes.

Capítulo CVIII

Cómo Diego Velázquez, gobernador de Cuba, dio muy gran priesa en enviar su armada contra nosotros, y en ella por capitán general a Pánfilo de Narváez, y cómo vino en su compañía el licenciado Lucas Vázquez de Ayllón, oidor de la real audiencia de Santo Domingo, y lo que sobrello se hizo

Diego Velázquez, gobernador de Cuba, supo que habíamos enviado nuestros procuradores a Su Majestad con todo el oro que habíamos habido, y muchas diversidades de joyas, y oro en granos sacado de las minas, y otras muchas cosas de gran valor, y que no le acudimos con cosa ninguna. E hizo una armada de diez y nueve navíos y con mill y cuatrocientos soldados que viniesen con Pánfilo de Narváez para que le llevasen presos a Cortés y a todos nosotros sus capitanes y soldados, o al de menos no quedásemos algunos con las vidas. Y como lo supieron la Real Audiencia de Santo Domingo y tenían memoria de nuestros muchos y buenos e leales servicios que hacíamos a Dios y a Su Majestad, acordaron de enviar a Lucas Vázquez de Ayllón, que era oidor de la misma Real Audiencia, para que estorbase la armada al Diego Velásquez, y vínose con el mismo Narváez para poner paces y dar buenos conciertos entre Cortés y el Narváez.

Capítulo CIX

Cómo Pánfilo de Narváez llegó al puerto de San Juan de Ulúa, que se dice la Veracruz, con toda su armada, y lo que le sucedió

Viniendo el Pánfilo de Narváez con diez y nueve navíos, tuvo un viento Norte, y se le perdió un navío de poco porte, y con toda la más flota vino a San Juan de Ulúa. Y allí tuvieron noticia della los soldados que había enviado Cortés a buscar las minas, y viénense a los navíos del Narváez. Y aun decía uno de ellos: "¡Oh, Narváez, qué bienaventurado que eres e a qué tiempo has venido! Que tiene ese traidor de Cortés allegados más de setecientos mill pesos de oro, y todos los soldados están muy mal con él porque les ha tomado mucha parte de lo que les cabia del oro de parte". Alcanzó a saber el gran Montezuma cómo estaban allí surtos en el puerto con los navíos muchos capitanes y soldados, y envió sus principales secretamente, y les mandó dar comida y oro y ropa, y el Narváez envió a decir al Montezuma descomedimientos contra Cortés, que éramos unas gentes malas, ladrones, y que a Cortés y a todos nosotros, nos prendiesen o matasen. Y cuando Montezuma lo supo tuvo gran contento, y por ganar por la mano y no le tuviese por sospechoso, le dijo todo a Cortés, y Cortés estuvo muy pensativo, porque bien entendió que aquella armada que la enviaba el gobernador Diego Velázquez contra él.

Capítulo CX

Cómo Pánfilo de Narváez envió con cinco personas de su armada a requerir a Gonzalo de Sandoval, questaba por capitán en la Villa Rica, que se diese luego con todos los vecinos, y lo que sobrello pasó

Como aquellos malos de nuestros soldados que se le pasaron al Narváez le avisaron quel capitán Gonzalo de Sandoval estaba en la Villa Rica de la Veracruz, acordó de enviar a un clérigo que se decía Guevara, e a Amaya, pariente del Diego Velázquez, e a un escribano que se decía Vergara, y tres testigos, para que notificasen al Gonzalo de Sandoval que luego se diese al Narváez. Dicen que el Gonzalo de Sandoval sabía de los navíos por nuevas de indios, y sospechando que aquella armada era de Diego Velásquez, estaba convocando a sus soldados. Entonces llegaron cinco españoles de Cuba; y el clérigo Guevara dijo quel Diego Velázquez había gastado muchos dineros en la armada, e que Cortés y todos los demás que había traído en su compañía le haban sido traidores y que les venía a notificar que fuesen a dar la obidiencia al señor Pánfilo de Narváez, que venía por capitán general del Diego Velázquez. E como el Sandoval oyó aquellas palabras le dijo que mentía como ruin clérigo; y luego mandó a sus soldados que los llevasen presos a Méjico. Y no lo hobo bien dicho, los arrestaron muchos indios de los que trabajaban en la fortaleza.

Capítulo CXI

Cómo Cortés, después de bien informado de quién era capitán, y quién y cuántos venían en la armada, y los pertrechos de guerra que traía, escribió al capitán y a otros sus amigos

Cortés acordó que se escribiese en posta con indios que llevasen las cartas al Narváez antes que llegase el clérigo Guevara, con muchos ofrescimientos, y que le pedíamos que no alborotase la tierra ni los indios viesen entre nosotros divisiones. Y el padre Guevara y el escribano Vergara dijeron a Cortés que Narváez no venía bien quisto con sus capitanes, y que lesenviase algunos tejuelos y cadenas de oro, porque dádivas quebrantan peñas. Y Cortés secretamente mandó dar al oidor cadenas y tejuelos, y el clérigo Guevara y sus compañeros hablan al Narváez que Cortés era muy buen caballero e gran servidor del rey, y que deje a Cortés en otras provincias, pues hay tierras hartas donde se pueden albergar. Y el Narváez, como era cabezudo y venía muy pujante, no le quiso oír, antes dijo delante del mismo padre que Cortés y todos nosotros éramos unos traidores, e porque el fraile respondía que antes éramos muy leales servidores del rey, le trató mal de palabra.

Capítulo CXII

Cómo hobieron palabras el capitán Pánfilo de Narváez y el oidor Lucas Vázquez de Ayllón; y el Narváez le mandó prender y le envió en un navío preso a Cuba o a Castilla, y lo que sobre ello avino

Parece ser que como el oidor Lucas Vázquez de Ayllón venía a favorescer las cosas de Cortés y de todos nosotros, porque ansi se lo habían mandado la Real Audiencia de Santo Domingo, y los frailes jerónimos questaban por gobernadores, como sabían los muchos y buenos y leales servicios que hacíamos a Dios primeramente, y a nuestro rey y señor, y del gran presente que enviamos a Castilla con nuestros procuradores, y como vio las cartas de Cortés, e con ellas tejuelos de oro, tuvo pensamiento el Narváez que el oidor entendía en ello e poner cizaña. Y tuvo tal atrevimiento el Narváez, que prendió al oidor del rey y envióle preso a él y a ciertos sus criados y a su escribano y los hizo embarcar en un navío y los envió a Castilla, o a la isla de Cuba.

Capítulo CXIII

Cómo Narváez, después que echó preso al oidor Lucas Vázquez de Ayllón e a su escribano, se pasó con toda la armada a un pueblo que se dice Cempoal, y lo que en él concertó

Como Narváez hubo enviado preso al oidor de la Audiencia real de Santo Domingo, procuró de se ir con todo su fardaje e municiones e pertrechos de guerra a sentar real en un pueblo que se dice Cempoal; y la primera cosa que hizo tomó por fuerza al cacique, todas las mantas y ropa e oro que Cortés le dio a guardar antes que partiésemos para Tascala, y también le tomó las indias que habían dado los caciques de aquel pueblo, que se las dejamos en casa de sus padres porque eran hijas de señores e para ir a la guerra muy delicadas. El cacique dijo a Narváez que no le tomase cosa alguna de lo que Cortés le dejó, porque si lo sabía que se lo tomaban, que mataría por ello. E como aquello le cían, hacían burla de lo que decía. El Narváez requirió a nuestro capitán unas provisiones que decían eran traslados de los originales que traía, para ser capitán por el gobernador Diego Velásquez. Cortés tomó consejo con nuestros capitanes, e por todos fue acordado que fuésemos sobre el Narváez, e que Pedro de Alvarado quedase en Méjico en guarda de Montezuma.

Capítulo CXIV

Cómo el gran Montezuma preguntó a Cortés que cómo quería ir sobre Narváez siendo los que traía el Narváez muchos e Cortés pocos, e que le pesaría si nos viniese algún mal

Como estaban platicando Cortés y el gran Montezuma, como lo tenían de costumbre, dijo el Montezuma a Cortés: "Señor Malinche: a todos vuestros capitanes e soldados os veo andar desasosegados, e también he visto que no me visitáis sino de cuando en cuando, e Orteguilla, el paje, me dice que queréis ir sobre esos vuestros hermanos que vienen en los navíos, e queréis dejar aquí en mi guarda al Tonatio". Cortés le respondió con un semblante de alegría e le dijo que si no le había venido a dar relación dello es por no dalle pesar con nuestra partida; y que Nuestro Señor Jesucristo e Nuestra Señora Santa María nos darán fuerzas y más que no a ellos, pues que son malos e vienen de aquella manera; que no tuviese pesar por nuestra ida, que presto volveríamos con vitoria, e lo queagora le pide por mercer es que mire queda con él su hermano Tonatio, que así llamaban a Pedro de Alvarado, que no haya algún alboroto, ni consienta a sus capitanes e papas hagan cosa que después que volvamos tengan los revoltosos que pagar con las vidas. Y luego, sin llevar indias ni sucio, sino a la ligera, tiramos por nuestras jornadas por Cholula.

Capítulo CXV

Cómo acordó Cortés con todos nuestros soldados que tornásemos a enviar al real de Narváez al fraile de la Merced, y que se hiciese muy servidor del Narváez e que se mostrase favorable a su parte más que no a la de Cortés

Acordamos que se escribiese otra carta al Narváez. que decía en ella ansí o otras palabras formales como éstas: Después de puesto su acato con gran cortesía, que nos habíamos holgado de su venida, e creíamos que con su generosa persona haríamos gran servicio a Dios Nuestro Señor e a Su Majestad, e que no nos ha querido responder cosa ninguna, antes nos llama de traidores, siendo muy leales servidores del rey, e que le envió Cortés a pedir por merced que escogiese la provincia que quisiese quedar con la gente que tiene o fuese adelante, e que nosotros iríamos a otras tierras y haríamos lo que buenos servidores de Su Majestad somos obligados, e que si trae provisiones de Su Majestad que envíe los originales para ver y entender si vienen con la real firma, e que no ha querido hacer lo uno ni lo otro, sino tratamos mal de palabra e revolver la tierra; que para aquel efecto nos hemos venido a aquel pueblo de Panguenequita, por estar más cerca de su real; e que si no trae las provisiones, que se vuelva e no alborote más la tierra, que si otra cosa hace, que iremos contra él a le prender y enviallo preso a nuestro rey e señor.

Capítulo CXVI

Cómo el fraile de la Merced fue a Cempoal, donde estaba el Narváez e todos sus capitanes, e lo que pasó con ellos, e les dio la carta

Como el fraile de la Merced llegó con la carta al real de Narváez, convocó a ciertos caballeros de los de Narváez y repartió todo el oro que Cortés le mandó. E andando en estos pasos tuvieron gran sospecha de nuestro fraile, e aconsejaban al Narváez que luego le prendiese, y como lo supo Andrés de Duero, que era secretario del Diego Velásquez, fue al Narváez y le dijo que no es bien prendelle, pues que se ha visto cuánta honra e dádivas da Cortés a todos los suyos del Narváez que allá van, que sería poquedad prender a un religioso. Narváez envió a llamar al fraile, y el fraile, que era muy sagaz, le suplicó que se apartasen en secreto, y le dijo: "Bien entendido tengo que vuestra merced me quería mandar prender; pero no tiene mayor servidor en su real que yo, e tenga por cierto que muchos caballeros de los de Cortés le querrían ya ver en manos de vuestra merced, e le han hecho escribir una carta de desvaríos, para que la diese a vuestra merced, que no la he querido mostrar hasta agora, que en un río la quise echar por las necedades que en ella trae; porque Cortés anda desvariando, y sé cierto que si vuestra merced le habla con amor, que luego se le dará él e todos los que consigo trae".

Capítulo CXVII

Cómo en nuestro real hecimos alarde de los soldados que éramos, e cómo trajeron docientas e cincuenta picas muy largas que Cortés había mandado hacer en unos pueblos que se dicen los chinantecas, e nos imponiamos cómo habíamos de jugar dellas para derrocar la gente de a caballo que tenia Narváez, y otras cosas que en el real pasaron

Ansí como Cortés tuvo noticia de la armada que traía Narváez, luego despachó un soldado que había estado en Italia, a una provincia que se dice los Chinantecas, muy enemigos de los mejicanos, e que usaban por armas muy grandes lanzas, mayores que las nuestras de Castilla, con dos brazas de pedernal e navajas, y envióles a rogar que le trujesen a doquiera que estuviese trecientas dellas. E también mandó a nuestro soldado Tobilla, que les demandase dos mill hombres de guerra. Pues venido nuestro soldado con las lanzas, e allí se daba orden y nos imponía el soldado e amostraba a jugar con ellas. E ya teníamos hecho nuestro alarde y copia y memoria de todos los soldados, e hallamos docientos e sesenta e seis, sin el fraile, e con cinco de a caballo, e dos tirillos e pocos ballesteros.

Capítulo CXVIII

Cómo vino Andrés de Duero a nuestro real y el soldado Usagre y dos indios de Cuba, naborías del Duero, y quién era el Duero y a lo que venia, y lo que tuvimos por cierto, y lo que se concertó

Cuando estábamos en Santiago de Cuba, se concertó Cortés con Andrés de Duero y con un contador del rey, que se decía Amador de Lares, que eran grandes amigos del Diego Velázquez, que le hiciese a Cortés capitán general para venir en aquella armada, y que partiría con ellos todo el oro y plata y joyas que le cupiese de su parte de Cortés. Y como el Andrés de Duero vio en aquel instante a Cortés, su compañero, tan rico y poderoso, y so color que venía a poner paces y a favorescer a Narváez, en lo que entendió era demandar la parte de la compañía, porque ya el otro su compañero, Amador de Lares, era fallescido. Y como Cortés era sagaz y mañoso, no solamente le prometió de dalle gran tesoro, sino que también le daria mando en toda la armada, y que después de conquistada la Nueva España le daría otros tantos pueblos como a él, con tal que fuese en desviar al Narváez para que no saliese con la vida e con honra y le desbaratase. Y según paresció, el Diego se lo prometió.

Capítulo CXIX

Cómo llegó Juan Velázquez de León e un mozo despuelas de Cortés, que se decía Joan del Río, al real de Narváez, y lo que en él pasó

Cortés envió a un nuestro capitán Juan Velázquez de León y al mozo despuelas para que le acompañase a Cempoal y a ver lo que Narváez le quería. Cuando Juan Velázquez y el Narváez se encontraron, se hicieron muy grandes acatos. Y Joan Velázquez dijo que no venía sino a besalle las manos, y para ver si podía dar concierto que su merced y Cortés tuviesen paz y amistad. Entonces dizque el Narváez, muy airado, dijo: "¿Tener amistad y paz con un traidor?". Y el Juan Velázquez respondió que Cortés no era traidor, sino buen servidor de Su Majestad. Y entonces el Narváez le comenzó a convocar con grandes prometimientos que se quedase con él. Y el Joan Velázquez respondió que mayor traición haría el dejar al capitan que tiene jurado en la guerra y desmamparalle. Paresció ser que en aquel instante ciertos capitanes de Narváez, que se decían Gamara y un Juan Fuste y un Juan Bono de Quexo, y Salvatierra, aconsejaron a Narváez que prendiese al Joan Velázquez. E ya que había mandado el Narváez que le echasen preso, súpolo Agustín Bermúdez y el Andrés de Duero y nuestro fraile de la Merced, y dicen al Narváez que se maravillan de su merced querer mandar prender al Juan Velázquez de León. Por manera quel Narváez le dijo a Velázquez de León que fuese tercero en que Cortés se le diese con todos nosotros. Y él respondió, por le amansar, que haría lo que pudiese.

Capítulo CXX

De lo que se hizo en el real de Narváez después que de allí salieron nuestros embajadores

Como vinieron el Joan Velázquez y el fraile y el Joan del Río, dijeron al Narváez sus capitanes que en su real sentían que Cortés había enviado muchas joyas de oro y que tenía de su parte amigos en el mismo real, y que sería bien estar muy apercebido y avisase a todos sus soldados questuviesen con sus armas y caballos prestos. Y como supo que ya llegábamos cerca de Cempoal, el cacique gordo le dijo a Narváez: "¿Qué hacéis questáis muy descuidado? ¿Pensáis que Malinche y los teules que trae consigo son como vosotros? Pues yo digo que cuando no os catáredes será aquí y os matará". Y aunque hacían burla de aquellas palabras, no dejaron de se apercibir. Y como llovió mucho aquel día, estaban ya los de Narváez hartos destar aguardándonos al agua, y le aconsejaron que se volviesen a los aposentos, y le decían: "¿Pues como, señor, por tal tiene a Cortés que se ha de atrever que con tres gatos que tiene ha de venir a este real por el dicho deste indio gordo?". Por manera que se volvió Narváez a su real, y prometió que quien matase a Cortés o a Gonzalo de Sandoval que le daría dos mil pesos.

Capítulo CXXI

Del concierto y orden que se dio en nuestro real para ir contra Narváez, y del razonamiento que Cortés nos hizo, y lo que le respondimos

Nuestro capitán Cortés nos envió a llamar, ansí capitanes como a todos los soldados, y nos dijo: "Bien saben vuestras mercedes que Diego Velázquez me eligió por capitán general; ya saben lo que pasamos sobre que me quería volver a la isla de Cuba, conforme a sus instrucciones, pues vuestras mercedes me mandaron y requirieron que poblásemos esta tierra en nombre de Su Majestad, como me hicistes vuestro capitán general y justicia mayor della hasta que Su Majestad otra cosa sea servido mandar, y ya saben lo que prometimos en nuestras cartas a Su Majestad, e que aquesta tierra, ques cuatro veces mayor que Castilla, y de grandes pueblos, y muy rica de oro y minas, que no la diese en gobernación ni de otra cualquier manera a persona ninguna. Pues vean los trabajos, hambres e sed y heridas y muertes de muchos soldados que en descubrir aquestas tierras pasastes. Digamos agora cómo viene Pánfilo de Narváez contra nosotros con mucha rabia y deseo de nos tener a las manos, y nos llama de traidores y malos, y demás desto tuvo atrevimiento de prender a un oidor de Su Majestad. Ya habrán oído cómo han pregonado en su real guerra contra nosotros, como si fuéramos moros". Entonces todos a una le respondimos que tuviese por cierto que, mediante Dios, habíamos de vencer o morir sobre ello. Y allí hizo muchas ofertas y prometimientos que seríamos todos muy ricos y valerosos. Cortés mandó que marchásemos camino de Cempoal; y llegamos al rio donde estaban las espías del Narváez, y estaban tan descuidados, que tuvimos tiempo de prender a uno de ellos, nombrado Carrasco, y el otro fue dando voces al real de Narváez diciendo: "¡Al arma, al arma, que viene Cortés!". Y el Narváez llamando a sus capitanes y nosotros calando nuestras picas y cerrando con el artillería, todo fue uno. Tomamos la artillería, y no había quien nos la defendiese. Y estuvimos buen rato peleando con nuestras picas, que eran grandes, y oímos voces del Narváez que decía: "¡Santa María, váleme, que muerto me han e quebrado un ojo!". Y desque aquello oímos luego dimos voces: "¡Vitoría vítoria por los del nombre del Espíritu Santo, que muerto es Narváez! ¡Vitoria, vítoria por Cortés, que muerto es Narváez!".

Capítulo CXXII

Cómo después de desbaratado Narváez según y de la manera que he dicho, y de otras cosas que pasaron

Ya he dicho, en el Capítulo que dello habla, que Cortés envió a decir a los pueblos de Chinanta, donde trujeron las lanzas e picas, que viniesen dos mill indios dellos con sus lanzas, que son muy más largas que no las nuestras, para nos ayudar, e vinieron aquel mismo día, ya algo tarde, después de preso Narváez, y venían por capitanes los caciques de los mismos pueblos; y entraron en Cempoal con gran ordenanza, de dos en dos, y como traían las lanzas muy grandes, de buen grosor, y con sus banderas tendidas y con muchos plumajes y atambores y trompetillas, y dando gritos y silbos decían: "¡Viva el rey! !Viva el rey nuestro señor, y Hernando Cortés en su real nombre!". Y entraron muy bravosos, y serían mill y quinientos, que parescía que eran tres mill. Y cuando los de Narváez los vieron se admiraron e diz que dijeron unos a otros que si aquella gente les tomara en medio o entraran con nosotros, qué tal que les parara. Y Cortés les agradesció su venida.

Capítulo CXXIII

Cómo Cortés envió al puerto al capitán Francisco de Lugo, y en su compañía dos soldados que habían sido maestres de navíos, para que luego trujesen allí a Cempoal todos los maestres y pilotos de los navíos y flota de Narváez

Pues acabado de desbaratar al Pánfilo de Narváez e presos él y sus capitanes e a todos los demás tomadas las armas, mandó Cortés al capitán Francisco de Lugo que fuese al puerto adonde estaba la flota de Narváez, que eran diez y ocho navíos, y que mandase venir allí a Cempoal a todos los pilotos y maestres de los navíos, y que les sacasen velas y timones e agujas por que no fuesen a dar mandado a Cuba a Diego Velázquez, e que si no le quisiesen obedescer, que les echase presos. Y los maestres y pilotos luego vinieron a besar las manos al capitán Cortés, a los cuales tomó juramento que no saldrían de su mandado e que le obedescerían en todo lo que les mandase. En el instante ya que queríamos partir, vinieron cuatro grandes principales que envió el gran Montezuma ante Cortés, a quejarse del Pedro de Alvarado, y lo que dijeron llorando muchas lágrimas de sus ojos, que Pedro de Alvarado salió de su aposento con todos los soldados que le dejó Cortés, y sin causa ninguna dio en sus principales y caciques questaban bailando y haciendo fiesta a sus ídolos Huichilobos y Tezcatepuca, con licencia que para ello les dio el Pedro de Alvarado, e que mató e hirió muchos dellos, y que por se defender le mataron seis de sus soldados; por manera que daban muchas quejas del Pedro de Alvarado. Y Cortés les respondió quél iría a Méjico y pornía remedio en todo. Y luego despachó Cortés cartas para Pedro de Alvarado, para decir que mirase quel Montezuma no se soltase, e que íbamos a grandes jornadas.

Capítulo CXXIV

Cómo fuimos a grandes jornadas ansi Cortés como todos sus capitanes y todos los de Narváez, eceto Pánfilo de Narváez y el Salvatierra, que quedaban presos

Cortés habló a los de Narváez, que sintió que no irían con nosotros de buena voluntad a hacer aquel socorro, y les rogó que dejasen atrás enemistades pasadas por lo de Narváez, ofresciéndoseles de hacerlos ricos y dalles cargos. Y tantas palabras les dijo, que todos a una se le ofrescieron que irían con nosotros. Y Cortés halló sobre mil y trecientos soldados, y sobre noventa y seis caballos, y ochenta ballesteros, y en Tascala nos dieron los caciques dos mill indios de guerra. Y llegamos a Méjico día de señor San Joan de junio de mill e quinientos y veinte años, y el gran Montezuma salió al patio para abrazar a Cortés y dalle el buen venido. Y Cortés, como venía vitorioso, no le quiso oír, y el Montezuma se entró en su aposento muy triste y pensativo. Cortés procuró saber qué fue la causa de se levantar Méjico, y lo que contaba el Pedro de Alvarado era que habían llegado muchos indios a quitar la santa imagen del altar donde la pusimos, y que no pudieron, e que los indios lo tuvieron a gran milagro y que se lo dijeron al Montezuma, e que les mandó que la dejasen en el mismo lugar. Y le tornó a decir Cortés que a qué causa les fue a dar guerra estando bailando y haciendo sus fiestas. Y respondió que sabía muy ciertamente que en acabando las fiestas y bailes y sacrificios, le habían de venir a dar guerra. E Cortés le dijo: "Pues hanme dicho que le demandaron licencia para hacer el areito y bailes". Dijo que ansí era verdad, que fue por tomarles descuidados; e que por que temiesen y no viniesen a dalle guerra, que por esto se adelantó a dar en ellos. Y desque aquello Cortés le oyó, le dijo muy enojado que era muy mal hecho e gran desatino, e que plugiera a Dios quel Montezuma se hobiera soltado e que tal cosa no la oyera. Luego supimos que verdaderamente dio en ellos por metelles temor; y también supimos de mucha verdad que tal guerra nunca el Montezuma mandó dar, e que cuando combatían al Pedro de Alvarado, que el Montezuma les mandaba a los suyos que no lo hiciesen, e que le respondían los suyos que ya no era de sufrir tenelle preso y estando bailando illes a matar como fueron, y que le habían de sacar de allí y matar a todos los teules que le defendían.

Capítulo CXXV

Cómo nos dieron guerra en Méjico, y los combates que nos daban, y otras cosas que pasamos

Como Cortés vio que en Tezcuco no nos habían hecho ningún recibimiento, y venido a Méjico lo mismo, e oyó al Pedro de Alvarado de la manera con que les fue a dar guerra; y paresce ser había dicho

Cortés en el camino a los capitanes de Narváez, alabándose de sí mismo, el gran acato y mando que tenía, e que por los caminos le saldrían a rescibir y hacer fiestas, e le darían oro, y viendo que todo estaba muy al contrario de sus pensamientos, estaba muy airado y soberbio. Y en este instante envió el gran Montezuma dos de sus principales a rogar a nuestro Cortés que le fuese a ver, y les dijo: "Vaya para perro, que ni de comer no nos manda dar". Y entonces Joan Velázquez de León y Cristóbal de Olí e Alonso de Avila y Francisco de Lugo, dijeron: "Señor, temple su ira, y mire cuánto bien y honra nos ha hecho este rey, ques tan bueno que si por él no fuese ya fuéramos muertos y nos habrían comido, e mire que hasta las hijas le ha dado". Cortés dijo: "¿Qué cumplimiento he yo de tener con un perro que se hacía con Narváez secretamente, e agora veis que aun de comer no nos dan?". Y habló a los principales que dijesen a su señor Montezuma que luego mande hacer tianguis, y los principales bien entendieron las palabras injuriosas que Cortés dijo de su señor, y aun también la reprehensión que nuestros capitanes; y de enojo, o porque ya estaba concertado que nos diesen guerra, no tardó un cuarto de hora que vino un soldado a gran priesa, y dijo questaba toda la ciudad llena de gente de guerra. Cortés mandó a Diego de Ordaz que fuese con cuatrocientos soldados, e que si viese que sin guerra e ruido se pudiese apaciguar, lo pacificase. Aun no hobo bien llegado a media calle, cuando le salen tantos escuadrones mejicanos de guerra, y le dieron tan grandes combates, que le mataron a ocho soldados; y en aquel instante muchos escuadrones vinieron a nuestros aposentos, y nos hirieron sobre cuarenta y seis de los nuestros, y doce murieron de las heridas. Y estaban tantos guerreros sobre nosotros, y no perdían punto de su buen pelear, ni les podíamos apartar de nosotros. Y duraron estos combates todo el día. Pues desque amaneció acordó nuestro capitán que con todos los nuestros y los de Narváez saliésemos a pelear con ellos. Aquel día mataron otros diez o doce soldados, y todos volvimos bien heridos. Fuimos hasta el gran cu de sus ídolos, y luego de repente suben en él más de cuatro mil mejicanos, y se ponen en defensa y nos resistieron la subida un buen rato; y luego les subimos arriba, y pusimos fuego a sus ídolos.

Y al otro día desque amanesció vienen muchos más escuadrones de guerreros, y nos cercan por todas partes. E viendo todo esto acordó Cortés que el gran Montezuma les hablase desde una azotea, y les dijese que cesasen las guerras, e que nos queríamos ir de su ciudad. Y cuando al gran Montezuma se lo fueron a decir de parte de Cortés, dicen que dijo con gran dolor: "¿Qué quiere ya de mí Malinche, que yo no deseo vivir ni oille, pues en tal estado por su causa mi ventura me ha traído?". Y no quiso venir, que ya no le quería ver ni oír a él ni a sus falsas palabras ni promesas e mentiras. E fue el padre de la Merced e Cristóbal de Olí, y le hablaron con mucho acato. Y Montezuma se puso a un petril de una azotea con muchos de nuestros soldados que le guardaban, y les comenzó a hablar con palabras muy amorosas que dejasen la guerra e que nos iríamos de Méjico, y muchos principales y capitanes mejicanos bien le conoscieron, y luego mandaron que callasen sus gentes y no tirasen varas ni piedras ni flechas; y cuatro dellos se llegaron en parte que el Montezuma les podía hablar, y ellos a él, y llorando le dijeron: "¡Oh, señor y nuestro gran señor, y cómo nos pesa de todo vuestro mal y daño y de vuestros hijos y parientes! Hacémos os saber que ya hemos levantado a un vuestro pariente por señor". E allí le nombró cómo se llamaba, que se decía Coadlavaca, señor de iztapalapa. Y más dijeron que la guerra que la habían de acabar, e que tenían prometido a sus ídolos de no la dejar hasta que todos nosotros muriésemos, y que rogaban cada día a su Huichilobos y a Tezcatepuca que le guardase libre y sano de nuestro poder; e como saliese como deseaban, que no le dejarían de tener muy mejor que de antes por señor, y que les perdonase. Y no hobieron acabado, cuando tiran tanta piedra y vara, que le dieron tres pedradas, una en la cabeza y otra en un brazo y otra en una pierna; y puesto que le rogaban se curase y comiese y le decían sobrello buenas palabras, no quiso, antes cuando no nos catamos vinieron a decir que era muerto. E Cortés lloró por él, y todos nuestros capitanes y soldados, y hombre hobo entre nosotros, de los que le conoscíamos y tratábamos, de que fue tan llorado como si fuera nuestro padre, y no nos hemos de maravillar dello viendo qué tan bueno era. Y decían que había diez y siete años que reinaba, e que fue el mejor rey que en Méjico había habido.

Capítulo CXXVI

Desque fue muerto el gran Montezuma acordó Cortés de hacello saber a sus capitanes y principales que nos daban guerra, y lo que más sobrello pasó

Pues como vimos a Montezuma que se había muerto, ya he dicho la tristeza que en todos nosotros hobo por ello, y aun al fraile de la Merced se lo tuvimos a mal no le atraer a que se volviese cristiano. En fin de más razones mandó Cortés a un papa e a un principal de los questaban presos, que soltamos para que fuese a decir al cacique que alzaron por señor, Coadlavaca, y a sus capitanes cómo el gran Montezuma era muerto, y de la manera que murió y heridas que le dieron los suyos, y que le enterrasen como a gran rey que era, y que alzasen a su primo del Montezuma, que con nosotros estaba, por rey, e que tratasen paces para salirnos de. Y por que lo viesen cómo era muerto al Montezuma, mandó a seis mejicanos muy principales que los sacasen a cuestas y lo entregasen a los capitanes mejicanos. Y desde ansi le vieron muerto, oímos las gritas y aullidos que por él daban; y aun con todo esto no cesó la gran batería que siempre nos daban y era sobre nosotros de vara y piedra y flecha, y nos decían: "Agora pagaréis muy de verdad la muerte del nuestro rey y señor y el deshonor de nuestros ídolos; y las paces que nos enviáis a pedir salí acá y concertaremos cómo y de qué manera han de ser". Y Cortés y todos nosotros acordamos que para otro día diésemos por otra parte adonde había muchas casas en tierra firme, y que hiciésemos todo el mal que pudiésemos, y se quemaron veinte casas, pero todo fue no nada para el gran daño y muertes y heridas que nos dieron.

Capítulo CXXVII

Cómo acordamos de nos ir huyendo de Méjico, y lo que sobrello se hizo

Como víamos que cada día menguaban nuestras fuerzas y las de los mejicanos crescían, fue acordado por Cortés y por todos nuestros capitanes y soldados que de noche nos fuésemos, cuando viésemos que los escuadrones guerreros estaban más descuidados. Se dio orden que se hiciese de maderos y tablas muy recias una puente, señalaron cuatrocientos indios tascaltecas e ciento e cincuenta soldados; para llevar el artillería señalaron docientos indios de Tascala e cincuenta soldados, y para que fuesen en la delantera peleando señalaron a Gonzalo de Sandoval, a Diego de Ordaz, a Francisco de Saucedo y a Francisco de Lugo e una capitanía de cien soldados mancebos sueltos, y para que llevasen a cargo los prisioneros y a doña Marina y doña Luisa, señalaron trecientos tascaltecas y treinta soldados. Mandó Cortés a su camarero que todo el oro y joyas y plata lo sacasen con muchos indios de Tascala que para ello les dio, y lo pusieron en la sala, y dijo a los oficiales del rey que pusiesen cobro en el oro de Su Majestad, y les dio siete caballos heridos y más de ochenta tascaltecas, y cargaron dello a bulto lo que más pudieron llevar, y quedaba mucho oro en la sala y hecho montones. Entonces Cortés llamó a su secretario y a otros escribanos y dijo: "Dame por testimonio que no puedo más hacer sobre este oro; aqui teníamos en este aposento y sala sobre setecientos mill pesos de oro, y como habéis visto que no se puede pesar ni poner más en cobro, los soldados que quisieren sacar dello, desde aquí se lo doy, como ha de quedar perdido entre estos perros". Y desque aquello oyeron muchos soldados de los de Narváez y algunos de los nuestros, cargaron dello. Yo digo que no tuve codicia sino procurar de salvar la vida, mas no dejé de apeñar de unas cazuelas que allí estaban unos cuatro chalchuis, que son piedras entre los indios muy presciadas, que de presto me eché en los pechos entre las armas, que me fueron después buenas para curar mis heridas y comer el valor dellas. Antes de medianoche se comenzó a caminar el fardaje y los caballos y la yegua y los tascaltecas cargados con el oro; y de presto se puso la puente y pasó Cortés y los demás que consigo traía primero, y muchos de caballo. Y estando en esto suenan las voces y cornetas y gritas y silbos de los mejicanos, y vimos tantos escuadrones de guerreros sobre nosotros, que no nos podíamos valer. Y estando desta manera cargan tanta multitud de mejicanos a quitar la puente y a herir y matar en los nuestros, que no se daban a manos; como llovía resbalaron dos caballos y caen en la laguna. De manera que en aquel paso se hinchó de caballos muertos y de indios e indias y naborías, y fardaje y petacas. Cortés y los capitanes y soldados que pasaron primero a caballo aguijaron por la calzada adelante; también salieron en salvo los caballos con el oro y los tascaltecas. Y para quien no vio aquella noche la multitud de guerreros que sobre nosotros estaban, es cosa despanto. Ya que íbamos por nuestra calzada adelante, cabe el pueblo de Tacuba, adonde ya estaba Cortés con todos los capitanes Gonzalo de Sandoval y Cristóbal de Olí y otros da caballo de los que pasaron delante, decían a voces: "Señor capitán, aguárdenos, que dicen que vamos huyendo y los dejamos morir; tornémoslos a amparar." Y la respuesta de Cortés fue que los que habíamos salido era milagro. Y reparamos en los patios de Tacuba ya habían venido de Méjico muchos escuadrones dando voces, de manera que comenzaron a tirar vara y piedra y flecha. Como Cortés vio que no venían más soldados, se le saltaron las lágrimas de los ojos. Lo peor de todo era que no sabíamos la voluntad que habíamos de hallar en nuestros amigos los de Tascala; acordamos de nos salir de allí a medianoche, y al día siguiente llegamos a un pueblo grande que se dice Gualtitán, y siempre los mejicanos siguiéndonos, procuraban de nos matar. Y quiso Dios que allegó Cortés con los capitanes que andaban en su compañía, en parte donde andaban con su grande escuadrón el capitán general de los mejicanos, con su bandera tendida, con ricas armas de oro y grandes penachos de argentería. Y desque le vio Cortés, dijo a Gonzalo de Sandoval y a Cristóbal de Olí y a Gonzalo Domínguez y a los demás capitanes: "¡Ea, señores; rompamos por ellos!". Y encomendándose a Dios, arremetieron y acabaron de romper el escuadrón. Todos dimos muchas gracias a Dios que escapamos de tan gran multitud de gente, allí estaba la flor de Méjico y de Tezcuco; qué armas tan ricas que traían, con tanto oro y penachos y devisas. Allí junto donde fue esta reñida y nombrada batalla estaba un pueblo que se dice Otumba. Quiero traer aquí a la memoria que cuando entramos al socorro de Pedro de Alvarado en Méjico fuimos por todos sobre más de mill e trecientos soldados con los de a caballo, que fueron noventa y siete, y ochenta ballesteros, y otros tantos escopeteros, e más de dos mill tascaltecas; y fue nuestra entrada en México día de señor San Juan de Junio de mill e quinientos y veinte años; fue nuestra salida huyendo a diez del mes de jullio del dicho año; y fue esta nombrada batalla de Otumba a catorce del mes de Jullio. Y nos mataron, ansi en Méjico como en puentes y calzadas, y en esta de Otumba, ochocientos y sesenta soldados, con setenta y dos que mataron en un pueblo que se dice Tustepeque, y a cinco mujeres de Castilla; y éstos que mataron en Tustepeque eran de los de Narváez, y mataron sobre mill tascaltecas.

Capítulo CXXVIII

Cómo fuimos a la cabecera y mayor pueblo de Tascala y lo que allí pasamos

Los caciques de Tascala nos hicieron ofrescimientos que son dignos de no olvidar y de ser gratificados, ya que nos aposentaron. Parece ser que Cortés preguntó por el oro que habían traído allí, que eran cuarenta mill pesos, el cual fueron las partes de los vecinos que quedaban en la Villa Rica, y dijo Maseescasi e Xicotenga el Viejo, e un soldado de los nuestros que se había allí quedado doliente, que habían venido de la Villa Rica un Joan de Alcántara e otros dos vecinos e que lo llevaron todo porque traían cartas de Cortés para que se lo diesen; y preguntando entendimos cómo en el camino los habían muerto y tomado el oro, y Cortés hizo sentimiento por ello. Y como supo que salimos huyendo de Méjico, el Xicotenga el Mozo andaba convocando a todos sus parientes para que nos matasen. Lo cual alcanzó a saber el viejo Xicotenga su padre, y se lo riñó; y vino a oídos de Chichimecatecle, que era su enemigo mortal, y lo dijo a Maseescatzi; y lo mandaron traer preso. Y lo toman por los cabezones y de las mantas, e se las rompieron, e empujones, y palabras injuriosas que le dijeron le echaron de las gradas abajo, y le querían matar.

Capítulo CXXIX

Cómo fuimos a la provincia de Tepeaca y lo que en ella hicimos, y otras cosas que pasaron

Como Cortés había demandado a los caciques de Tascala cinco mill hombres de guerra para ir a correr y castigar los pueblos a donde habían muerto españoles, que era a Tepeaca y Cachula y Tecamachalco, de muy entera voluntad tenían aparejados hasta cuatro mill indios. Y fue acordado que se hiciese un auto por escribano que diese fe de todo lo pasado e que se diesen por esclavos a todos los aliados de Méjico que hobiesen muerto españoles. Al otro día tuvimos en un llano una buena batalla con los mejicanos y tepeaqueños, y presto fueron desbaratados por los de caballo. Los de Tepeaca acordaron que, sin decilles cosa ninguna, venir adonde estábamos, y los recibimos de paz, y echaron los mejicanos de sus casas. En Tepeaca se fundó una villa que se nombró Segura de la Frontera. Allí se hizo el hierro con que se habían de herrar los que se tomaban por esclavos. Y en aquella sazón habían alzado en Méjico otro señor, porque el señor que nos echó de Méjico era fallescido de viruelas, y al señor que hicieron era un sobrino o pariente muy cercano de Montezuma, que se decía Guatemuz, mancebo de hasta veinte y cinco años, bien gentilhombre para ser indio, y muy esforzado, y se hizo temer de tal manera, que todos los suyos temblaban dél; y era casado con una hija del Montezuma bien hermosa mujer para ser india.

Capítulo CXXX

Cómo vino un navío de Cuba que enviaba Diego Velázquez, e venía en él por capitán Pedro Barba, y la manera quel almirante que puso nuestro Cortés por guarda de la mar tenía para los prender, y es desta manera

Pues como andábamos en aquella provincia de Tepeaca castigando a los que fueron en la muerte de nuestros compañeros, vinieron cartas de la Villa Rica cómo había venido un navío al puerto; e vino en él por capitán Pedro Barba. En cuanto llegó al puerto, le fue a visitar y dar el bien venido al almirante de la mar que puso Cortés, el cual se decía Pedro Caballero o Juan Caballero, y de plática en plática le dicen al Pedro Barba que allí junto está un pueblo, que desembarque e que se vayan a dormir y estar en él, e que les traerán comida, e lo que hobiere menester. Y desque los vieron fuera del navío, ya tenía copia de marineros juntos con el almirante, Pedro Caballero, y dijeron al Pedro Barba: "Sed preso por el señor capitán Hernando Cortés, mi señor". Y Cortés hacía mucha honra a Pedro Barba, y le hizo capitán de ballesteros.

Capítulo CXXXI

Cómo los indios de Guacachula vinieron a demandar favor a Cortés sobre que los ejércitos mejicanos los trataban mal y los robaban, y lo que sobrello se hizo

Guatemuz, rey de Méjico, enviaba guarniciones a sus fronteras; en especial envió una muy poderosa a Guacachula, y otra a Ozucar, questaba dos o tres leguas de Guacachula. A esta causa vinieron cuatro principales muy secretamente de aquel pueblo, e dicen a Cortés que envíe taules e caballos, e que todos los de aquel pueblo y otros comarcanos ayudarán para que matemos a los escuadrones mejicanos. Y desque Cortés lo oyó, luego propuso que fuese por capitán Cristóbal de Olí. Y paresció ser que estaban todos los campos y casas llenas de gente de guerra de mejicanos, e questaba allí con ellos Guatemuz señor de Méjico; e tantas cosas dizque les dijeron, que atemorizaron a los de Narváez, y querían volverse a su isla de Cuba. Y desque Cortés lo supo hobo mucho enojo y envió al Cristóbal de Olí otros dos ballesteros. Encontró en Ozucar grandes guarniciones de mejicanos, que de presto las venció. Y desque todo fue pacífico se fue con todos sus soldados a nuestra Villa de la Frontera.

Capítulo CXXXII

Cómo aportó al peñol y puerto que está junto a la Villa Rica un navío de los de Francisco de Garay, que había enviado a poblar el río de Pánuco, y lo que sobrello más pasó

Estando que estábamos en Segura de la Frontera, vinieron cartas a Cortés cómo había aportado un navío de los quel Francisco de Garay había enviado a poblar a Pánuco, e que venía por capitán unoque se decía Fulano Camargo, y traía ya sobre sesenta soldados, y todos dolientes y muy amarillos e hinchadas las barrigas. Y cuando Cortés los vio tan hinchados y amarillos, y que no eran para pelear, harto teníamos que curar en ellos, y les hizo mucha honra, y tengo que el Camargo murió luego, que no me acuerdo bien qué se hizo, e también se murieron muchos dellos. Y entonces por burlar les llamamos y pusimos por nombre los panciverdetes porque traían los colores de muertos y las barrigas muy hinchadas.

Capítulo CXXXIII

Cómo envió Cortés a Gonzalo de Sandoval a pacificar los pueblos de Xalacingo y Cacatami, y llevó docientos soldados y veinte de caballo y doce ballesteros, y para que supiese qué españoles mataron en ellos y que mirase qué armas les habían tomado, y qué tierra era y les demandase el oro que robaron

Cortés tuvo noticia que en unos pueblos que se dicen Cacatami y Xalacingo habían muerto muchos soldados, envió a Gonzalo de Sandoval, que era alguacil mayor, y llevó consigo docientos soldados. E Sandoval ordenó muy bien sus escuadrones y ballesteros, y los desbarató. Acordó estar allí tres días, y vinieron los caciques de aquellos pueblos a demandar perdón, y Sandoval les dijo que diesen el oro que habían robado a los españoles que mataron, y que luego les perdonaría. Y respondieron quel oro que los mejicanos lo hobieron y que lo enviaron al señor de Méjico. Y en aquella sazón también tuvo noticia Cortés que en un pueblo que se decía Cozotlán habían muerto nueve españoles; y envió al Gonzalo de Sandoval para que los castigase y los trujese de paz. Y respondieron que señor tenían, que era Guatemuz, y que no habían menester venir ni ir a llamado de otro señor. Y desque aquello oyó Sandoval, comenzó de caminar hacia el pueblo, y sálenle al encuentro dos buenos escuadrones de guerreros, y los venció y mató hasta siete indios. Sandoval les dijo que si daban lo que robaron de los que mataron, que los perdonaría; y respondieron que no tenían ninguna cosa. Y con este recado se fue a la villa y fue bien rescebido de Cortés y de todos los del real.

Capítulo CXXXIV

Cómo se recogieron todas las mujeres y esclavas y esclavos de todo nuestro real que habíamos habido en aquello de Tepeaca y Cachula y Tecamachalco, y en Castil Blanco, y en sus tierras, para se herrar con el hierro que hicieron en nombre de Su Majestad, y de lo que sobrello pasó

Como Gonzalo de Sandoval hobo llegado a la villa de Segura de la Frontera, acordó Cortés, con los oficiales del rey, que se herrasen las piezas y esclavos que se habían habido para sacar su quinto después que se hobiese primero sacado el de Su Majestad; y todos ocurrimos con las indias y muchachas y muchachos que habíamos habido. Pues ya juntas las piezas, cuando no nos catamos apartan el real quinto, luego sacan otro quinto para Cortés, y, demás desto, la noche antes habían ya escondido y tomado las mejores indias. Y sobre esto hobo grandes murmuraciones contra Cortés, y de tal manera se lo dijeron al mesmo Cortés soldados de los de Narváez, que juraron a Dios que no había tal acaescido haber dos reyes en la tierra de nuestro rey y señor y sacar dos quintos, y que lo harían saber en Castilla a Su Majestad. Y ya he dicho en el Capítulo CXXVIII, cuando la triste noche salimos huyendo de Méjico, cómo quedaba en la sala donde posaba Cortés muchas barras de oro perdido que no lo podían sacar más de lo que cargaron en la yegua e caballos, y Cortés dijo delante de un escribano del rey que cualquiera que quisiese sacar oro de lo que allí quedaba que se lo llevase por suyo, y muchos soldados cargaron de ello, y por sacallo perdieron muchos dellos las vidas, y los que escaparon con la presa que traían habían estado en gran riesgo de morir, y salieron llenos de heridas. Y Cortés mandó que trayan a manifestar el oro que sacaron, y que les daba la tercia parte dello, y si no lo traen, que se lo tomaba todo.

Capítulo CXXXV

Cómo demandaron licencia a Cortés los capitanes y personas más principales de los que Narváez había traído en su compañía para se volver a la isla de Cuba, y Cortés se la dio, y se fueron, y de cómo despachó Cortés embajadores para Castilla y para Santo Domingo y Jamaica, y lo que sobre cada cosa acaesció

Los capitanes de Narváez le suplicaron a Cortés que les diese licencia para se volver a la isla de Cuba. Y Cortés se la dio y aun les prometió que si volvía a ganar la Nueva España y ciudad de Méjico que al Andrés de Duero, su compañero, que le daría mucho más oro que le había de antes dado, y ansi hizo ofertas a los demás capitanes. Y escribió a su mujer, doña Catalina Juárez, la Marcaida, y a Juan Juárez, su cuñado, que en aquella sazón vivía en la isla de Cuba, y les envió ciertas barras y joyas de oro. Y cuando Cortés les dio la licencia, dijimos que para qué se la daba, pues que éramos pocos los que quedábamos, y respondió que valía más estar solo que mal acompañado. También envió a Castilla a Diego de Ordaz, y Alonso de Mendoza con ciertos recaudos; y a Francisco Alvarez Chico a Santo Domingo, a hacer relación de todo lo acaescido a la Real Audiencia, que les suplicaba que hiciesen relación dello en Castilla a nuestro gran emperador, y tuviesen en la memoria los grandes servicios que le hacíamos; y también envió otro navío a la isla de Jamaica por caballos y yeguas. Bien sé que dirán algunos curiosos lectores que sin dineros que cómo enviaba a Diego de Ordaz a negocios a Castilla, pues está claro que para Castilla y para otras partes son menester dineros. A esto digo que al salir de Méjico huyendo, se cargaron de oro más de ochenta indios tascaltecas por mandado de Cortés, y fueron los primeros que salieron en las puentes, vista cosa era que salvarían muchas cargas. Y Cortés con algunos de nuestros capitanes lo procuraron de haber de los tascaltecas que lo sacaron, y tuvimos sospecha que los cuarenta mill pesos de las partes de los de la Villa Rica, que también lo hobo, y echó fama que lo habían robado, y con ello envió a Castilla a los negocios de su persona, y a comprar caballos. Digamos agora que cuando llegamos a Tascala ya era fallescido de viruelas nuestro gran amigo y leal vasallo de Su Majestad Maseescasi. Cortés procuró que Xicotenga se volviese cristiano, y él buen de buena voluntad dijo que lo quería ser; le bautizó el padre de la Merced y le puso nombre don Lorenzo de Vargas.

Capítulo CXXXVI

Cómo caminamos con todo nuestro ejército camino de la ciudad de Tezcuco, y lo que en el camino nos avino, y otras cosas que pasaron

Como Cortés tuvo tan buen aparejo, acordó de hablar a los caciques de Tascala para que le diesen diez mill indios de guerra que fuesen con nosotros hasta Tezcuco, que es una de las mayores ciudades que hay en toda la Nueva España, después de Méjico. Y Xicotenga el Viejo dijo que no solamente diez mill hombres, sino muchos más si los quería llevar. Y un día después de Navidad del año de mill e quinientos y veinte años, comenzamos a caminar. Cuando vimos la laguna de Méjico, dimos muchas gracias a Dios que nos la tornó a dejar ver. Según después supimos, los mejicanos no se atrevieron a darnos guerra porque entre los mejicanos y los de Tezcuco tenían diferencias y bandos, y también porque aún no estaban muy sanos de las viruelas, que fue dolencia que en toda la tierra dio y cundió. Y desque amanesció, comenzamos a caminar hacia Tezcuco, y se acercaron siete indios principales, naturales de Tezcuco, y traían una bandera de oro e una lanza larga, y antes que llegasen abajaron su bandera y se humillaron, ques señal de paz; y dijeron: "Malinche: Coyoacin, nuestro señor y señor de Tezcuco, te envía a rogar que le quieras recebir a tu amistad y te está esperando de paz en su ciudad de Tezcuco". Y dijeron que los escuadrones que estaban en las barrancas no eran de Tezcuco, sino mejicanos, que los enviaba Guatemuz. Y cuando Cortés oyó aquellas paces, holgó mucho dellas. A todos les paresció que aquel pedir de paz era fingido. Y con todo esto Cortés rescibió la bandera, y dijo que ruega a su señor Cuacayutzín y a todos los más caciques y capitanes de Tezcuco que le den el oro y ropa, y que la muerte de los españoles que no se les pedirá. Y respondieron aquellos mensajeros que ellos se lo dirían a su señor, mas quel que los mandó matar fue Coadlavaca. Y otro día de mañana fuimos a la ciudad de Tezcuco, y en todas las calles ni casas no veíamos mujeres, ni muchachos, ni niños, sino todos los indios como asombrados y como gente questaba de guerra; y fuimos aposentar a unos grandes aposentos y salas. Y luego mandó Cortés a Pedro de Alvarado y a Cristóbal de Olí e a otros soldados y a mí con ellos que subiésemos a un gran cu y mirásemos la ciudad; y vimos que todos los moradores de aquellas poblazones se iban con sus haciendas y hatos e hijos e mujeres. Y como Cortés lo supo quiso prender al señor de Tezcuco que envió la bandera de oro, y cuando lo fueron a llamar, dijeron quel primero que se fue huyendo a Méjico fue él con otros muchos principales. Y otro día muy de mañana mandó Cortés llamar a todos los más principales indios que había en Tezcuco, y dijeron quel Cuacoyozín por cobdicia de reinar había muerto malamente a su hermano mayor, que se decía Cuxcuxca, y que allí habían otros señores a quien venía el reino de Tezcuco más justamente, que era un mancebo que luego se volvió cristiano, y se llama don Hernando Cortés, que era hijo legítimo del señor y rey de Tezcuco, que se decía su padre Nezabalpinzintle; y luego sin más dilaciones y con gran fiesta y regocijo de todo Tezcuco le alzaron por rey y señor natural. Y se le dio a entender al don Hernando cómo y de qué manera habíamos de poner cerco a Méjico y para todo ello se ofresció con todo su poder y vasallos. En aquella sazón, como teníamos en nuestra compañía sobre siete mill tascaltecas, acordó Cortés que fuésemos a entrar y dar una vista a un buen pueblo que se dice lztapalapa.

Capítulo CXXXVII

Cómo fuimos a Iztapalapa con Cortés, y llevó en su compañía a Cristóbal de Oli y a Pedro de Alvarado, y quedó Gonzalo de Sandoval por guarda de Tezcuco, y lo que nos acaesció en la toma de aquel pueblo, y otras cosas que allí se hicieron.

Fuimos camino de Iztapalapa con mucho concierto, y como los mejicanos siempre tenían velas, les enviaron a los de Iztapalapa sobre ocho mill mejicanos de socorro. Y pelearon un buen rato muy valerosamente con nosotros; mas los de a caballo rompieron por ellos, y de presto dejaron el campo y se metieron en su pueblo. Y esto fue un ardid. Hicieron que huyeron y se metieron en canoas y en las casas, y otros en unos carrizales; y como ya era noche oscura nos dejan aposentar en tierra firme sin hacer ruido ni muestras de guerra. Y estando de aquella manera, cuando no nos catamos vino tanta agua por todo el pueblo, que si los principales de Tezcuco no nos avisaran que saliésemos presto de las casas, todos quedáramos ahogados, porque soltaron las acequias de agua dulce y salada y abrieron una calzada con que de presto se hinchió todo de agua. Y estaban esperando en tierra y en la laguna muchos batallones de guerreros, y desque amanesció nos dan tanta guerra, que harto teníamos de nos sustentar contra ellos no nos desbaratasen; y poco a poco aflojaron en la guerra y nos volvimos a Tezcuco medio afrentados de la burla e ardid de echarnos el agua.

Capítulo CXXXVIII

Cómo vinieron tres pueblos comarcanos de Tezcuco a demandar paces y perdón de las guerras pasadas y muertes de españoles, y los descargos que daban sobrello; y de cómo fue Gonzalo de Sandoval a Chalco y Tamanalco en su socorro contra mejicanos

Habiendo dos días questábamos en Tezcuco de vuelta de la entrada de Iztapalapa, vinieron a Cortés tres pueblos de paz a demandar perdón de las guerras pasadas y de muertes de españoles que mataron, y se decían Tepezcuco e Otumba, y el otro pueblo no me acuerdo. Y Cortés, viendo que no estaba en tiempo de hacer otra cosa, les perdonó, y se obligaron con palabras de muchos ofrescimientos de siempre ser contra mejicanos y de ser vasallos de Su Majestad, y de nos servir. Otro día tuvimos nueva cómo querían venir de paz los de Chalco y Tamanalco. Y demás desto, vienen del pueblo de Venezuela, que se decía Mezquíque, a decir a Cortés que los mejicanos les iban a dar guerra porque han tomado nuestra amistad. Y Cortés acordó enviar a Gonzalo de Sandoval y a Francisco de Lugo con quince de a caballo y docientos soldados, y con escopeteros y ballesteros y nuestros amigos los de Tascala a Chalco y Tamanalco. Los mejicanos tenían aparejados muchos escuadrones de guerreros; y Gonzalo de Sandoval los desbarató y mató a diez dellos.

Capítulo CXXXIX

Cómo fue Gonzalo de Sandoval a Tascala por la madera de los bergantines, y lo que más en el camino hizo en un pueblo que le pusimos por nombre el Pueblo Morisco

Como siempre estábamos con gran deseo de tener a los bergantines acabados y vernos ya en el cerco de Méjico y no perder ningún tiempo en balde, mandó nuestro capitán Cortés que luego fuese Gonzalo de Sandoval por la madera, y que llevase consigo docientos soldados y veinte escopeteros y ballesteros e quince de a caballo y buena copia de tascaltecas y veinte principales de Tezcuco. Y también mandó Cortés a Gonzalo de Sandoval que fuese a un pueblo que le pusimos el Pueblo Morisco, porque en aquel pueblo habían muerto cuarenta y tantos soldados de los de Narváez. Y Cortés le encargó al Sandoval que no dejase aquel pueblo sin buen castigo.

Capítulo CXL

Cómo nuestro capitán Cortés fue a una entrada al pueblo de Saltocán, questá de la ciudad de Méjico obra de seis leguas, puesto y poblado en la laguna, y desde allí a otros pueblos

Como habían venido allí a Tezcuco sobre quince mil tascaltecas con la madera de los bergantines, y no tenían mantenimientos, y como el capitán de los tascaltecas, Chichimecatecle, era muy esforzado y orgulloso, dijo a Cortés que quería ir a hacer algún servicio a nuestro gran emperador y batallar contra mejicanos, y que le pedía por merced a Cortés que ordenase y mandase a qué parte podrían ir que fuesen nuestros enemigos contrarios. Y Cortés le dijo que le tenía en mucho su buen deseo, e que otro día quería ir a un pueblo que se dice Saltocán, el cual había enviado a llamar de paz había tres veces, y no quiso venir, y la respuesta que dieron fue que si allá íbamos que no tenían menos fuerzas y fortaleza que Méjico. Y a esta causa, Cortés se apercibió para ir en persona aquella entrada, y mandó a docientos cincuenta soldados que fuesen en su compañía, y treinta de a caballo. Y salió con su ejército, e yendo por su camino, encontró con unos grandes escuadrones de mejicanos. Y otro día de mañana, comenzaron los mejicanos, juntamente con los de Saltocán, a pelear con los nuestros. Y nuestros soldados, viendo que no aprovechaba en cosa ninguna y no podían atinar el camino, renegaban del pueblo y aun de la venida sin provecho. Y en este instante dos indios de los que allí venían con los nuestros dijeron a un nuestro soldado el camino al pueblo. Y desque nuestros soldados los hobieron bien entendido, lograron pasar. Y en fin de más razones, tal mano les dieron, que les mataron muchos y hobieron mucha ropa de algodón, de oro y otros despojos. Y como estaban poblados en la laguna, de presto se meten los mejicanos y los naturales del pueblo en sus canoas con todo el hato que pudieron llevar y se van a Méjico. Y allí en aquel pueblo se hobieron muy buenas indias, y mantas y sal y oro. Y otro día fueron camino de un gran pueblo que se dice Gualtitán, y de otro que se dice Tenayuca, que estaba despoblado, y Tacuba, y Escapuzalco, que ansimismo estaba despoblado.

Capítulo CXLI

Cómo el capitán Gonzalo de Sandoval fue a Chalco e a Tamanalco con todo su ejército, y lo que en aquella jornada pasó diré adelante

Los pueblos de Chalco y Tamanalco vinieron a decir a Cortés que les enviase socorro porque estaban grandes capitanías e escuadrones mejicanos juntos para les venir a dar guerra, y tantas lástimas le dijeron, que mandó a Gonzalo de Sandoval que fuese allá con docientos soldados y veinte de a caballo e diez o doce ballesteros y otros tantos escopeteros y nuestros amigos los de Tascala e otra capitanía de los de Tezcuco. Y otro día llegó por la mañana a Tamanalco, y los caciques y capitanes le dijeron que luego fuese hacia un gran pueblo que se dijo Guaztepeque, porque hallarían allí juntos todos los poderes de Méjico. E yendo por su camino vio venir por tres partes repartidos los escuadrones de mejicanos, y se vinieron como los leones bravos a encontrar con los nuestros. Y de aquel tropel fueron algunos de los escuadrones mejicanos medio desbaratados; y les hicieron ir retrayendo, hasta que se encerraron en el pueblo en partes que no pudieron haber. Y creyendo que no volverían más a pelear en aquel día, mandó Sandoval reposar su gente. Y estando comiendo vinieron los de a caballo y otros dos soldados diciendo: "¡Al arma, al arma, que vienen muchos escuadrones de mejicanos!" Y después questuvieron buen rato haciendo cara en unos mamparos, les hicieron salir del pueblo por otras barrancas; y por aquel día no volvieron más. Como el señor de Méjico, que se decía Guatemuz, supo el desbarate de sus ejércitos, mostró mucho sentimiento dello, y más de que los de Chalco tenían tanto atrevimiento, siendo sus subjetos y vasallos. Y estando tan enojado acordó de enviar veinte mill mejicanos a Chalco para hacelles todo el mal que pudiesen; y fue de tal arte y tan presto, que aun no hobo bien llegado Sandoval a Tezcuco, ni hablado a Cortés, cuando estaban otra vez mensajeros de Chalco demandando favor a Cortés. Y cuando Cortés lo oyó y Sandoval, que en aquel instante llegaba a hablalle y a dalle cuenta de lo que había hecho en la entrada donde venía, el Cortés no le quiso escuchar de enojo, creyendo que por su culpa o descuido rescebían mala obra nuestros amigos los de Chalco.

Capítulo CXLII

Cómo se herraron los esclavos en Tezcuco y cómo vino nueva que había venido al puerto de la Villa Rica un navío, y los pasajeros que en él vinieron, y otras cosas que pasaron diré adelante

Como hobo llegado Gonzalo de Sandoval con su ejército a Tezcuco, con gran presa de esclavos, fue acordado que luego se herrasen, y desque se hobo pregonado que se llevasen a herrar, todos llevamos las piezas que habíamos habido para echar el hierro de Su Majestad, y creyendo que se nos habían de volver después de pagado el real quinto, e no fue ansí, que después que sacaban el real quinto, era otro quinto para Cortés, y otras partes para los capitanes, y en la noche antes, cuando las tenían juntas, nos desaparecían las mejores indias. Ya Cortés nos había prometido que las buenas piezas se habían de vender en el almoneda por lo que valiesen, pero si mal se hizo una vez, esta vez peor, y desde allí adelante muchos soldados que tomamos algunas buenas indias, porque no nos las tomasen, como las pasadas, las escondíamos y no las llevábamos a herrar, y decíamos que se habían huido. Dejemos esto, y digamos que vino un navío de Castilla, en el cual vino por tesorero de Su Majestad un Julián de Alderete y un fraile de San Francisco que se decía fray Pedro Melgarejo de Urrea. En aquella sazón volvieron otra vez de Chalco a decir que los mejicanos venían sobrellos, y Cortés les envió a decir quel quería ir en persona a sus pueblos y tierras y no se volver hasta que todos los contrarios echase de aquellas comarcas.

Capítulo CXLIII

Cómo nuestro capitán Cortés fue una entrada y se rodeó la laguna y todas las ciudades y grandes pueblos que alrededor hallamos, y lo que más pasó en aquella entrada

Como Cortés había dicho a los de Chalco que les había de ir a socorrer, porque los mejicanos no les viniesen a dar guerra, porque harto teníamos cada semana de ir y venir a los favorescer, mandó apercebir trecientos soldados y treinta de caballo, y veinte ballesteros, e quince escopeteros. E una mañana fuimos a dormir a Tamanalco, y allí vinieron más de veinte mill amigos, que en todas las entradas que yo había ido, nunca tanta gente de guerra de nuestros amigos fueron en nuestra compañía. Y fuimos caminando a donde estaba un gran peñol. Y como encomenzamos a subir por el peñol arriba, echan los indios guerreros que en él estaban tanta de piedras muy grandes y peñascos, que fue cosa espantosa cómo se venían despeñando y saltando. Y entonces el alférez Corral dio voces que no se podía subir más arriba e que el retraer también era peligroso. Y desque Cortés lo entendió, nos mandó retraer. Estaban muchas capitanías de mejicanos aguardando en partes que no les podíamos ver ni saber dellos, esperando para socorrer y ayudar a los del peñol. Y cuando Cortés lo supo, nos mandó que fuésemos a encontrar con ellos. Ansí en esta fuerza como en la primera no ganamos mucha reputación, antes los mejicanos y sus confederados tenían la vitoria. Se acordó que para otro día fuesen todos los ballesteros y escopeteros, y ansí los comenzamos a entrar, y quiso Nuestro Señor Dios que acordaron de ser dar de paz, y fue por causa que no tenían agua ninguna. Mandó Cortés al alférez Corral y a otros dos capitanes, que fue Juan Jaramillo y a Pedro de Ircio y a mí, que subiésemos al peñol y viésemos la fortaleza qué tal era, y dijo: "No les toméis ni un grano de maíz", y, según yo entendí, quisiera que nos aprovecháramos. E ya que estábamos arriba, vi tantas cargas de ropa y supe que eran del tributo, comencé a cargar cuatro tascaltecas, mis naborías, y también eché a cuestas de otros cuatro indios de los que lo guardaban otros cuatro fardos. E como Pedro de Ircio lo vio, dijo que no lo llevase, e yo porfiaba que sí, y como era capitán hízose lo que mandó. Y bajamos a dar cuenta a Cortés de lo que habíamos visto e a lo que nos envió. E dijo el Pedro de Ircio a Cortés que no se les tomó cosa ninguna, aunque ya había cargado Bernal Díaz del Castillo de ropa ocho indios, "e si no se lo estorbara yo, ya los traía cargados". Entonces dijo Cortés, medio enojado: "¿Pues, por qué no los trujo? Que los envié por que se aprovechasen, y a Bernal Díaz, que me entendió, quitaron el despojo que traía destos perros, que se quedarán riendo con los que nos han muerto e herido". Como no había agua en aquel paraje, nos fuimos camino de un buen pueblo que se dice Guaxtepeque, adonde está la huerta ques la mejor que había visto en toda mi vida, y ansí lo torno a decir el tesorero Alderete, el fraile fray Pedro Melgarejo y nuestro Cortés, desque pasearon algo della, se admiraron y dijeron que mejor cosa de huerta no habían visto en Castilla.

Capítulo CXLIV

De la gran sed que tuvimos en este camino, y del peligro en que nos vimos en Suchimilco con muchas batallas y reencuentros que con los mejicanos y con los naturales de aquella ciudad tuvimos, y de otros muchos reencuentros de guerras que hasta volver a Tezcuco pasamos

Caminamos para Suchimilco, ques una gran ciudad, y toda la más della están fundadas las casas en la laguna de agua dulce. Fuimos por unos pinares, y no había agua en todo el camino; y era ya tarde y hacía gran sol, aquejábamos mucho la sed. Y Cortés mandó a seis de a caballo que fuesen adelante e que viesen qué tanto de allí había poblazón o estancias. Y pasando obra de media legua adelante había muchas estancias. Entonces los de a caballo se apartaron para buscar agua en los pozos, y la hallaron, y se hartaron della; y uno de mis tascaltecas me sacó de una casa un gran cántaro de agua muy fría, de que me harté yo y ellos; y entonces acordé desde allí de me volver donde estaba Cortés. Al día siguiente nos vinieron a cercar todos los escuadrones mejicanos en el patio donde estábamos; y como nunca nos hallamos descuidados, rompimos por ellos. Pero no se acabó en esta refriega, que los de a caballo se encuentran con los diez mill guerreros que el Guatemuz enviaba en ayuda e socorro de refresco de los que de antes había enviado, y arremetimos de manera que rompimos, y tuvimos lugar de nos juntar con ellos pie con pie, y a buenas estocadas y cuchilladas se fueron con la mala ventura y nos dejaron de aquella vez el campo. Y estando de aquella manera paresció ser que, como en aquella ciudad eran ricos y tenían unas casas muy grandes llenas de mantas y ropa y camisas de indios de algodón, y había en ellas oro y otras muchas cosas y plumajes, alcanzáronlo a saber los tascaltecas y ciertos soldados, y estando dentro sacando ropa de unas cajas muy grandes que tenían de madera, vino en aquel instante una gran flota de canoas de guerreros de Méjico y dan sobre ellos e hieren muchos soldados, y apañan cuatro soldados y vivos los llevaron a Méjico, donde Guatemuz les mandó cortar pies y brazos y las cabezas.

Capítulo CXLV

Cómo desque llegamos con Cortés a Tezcuco tenían concertado ciertas personas de Narváez matar a Cortés y todos los que fuésemos en su defensa, e quien fue primero autor de aquella chirinola fue uno que había sido criado de Diego Velázquez

Ya he dicho como veníamos tan destrozados y heridos de la entrada, paresció ser que un gran amigo del gobernador de Cuba, que se decía Antonio de Villafaña se concertó con otros soldados de los de Narváez, que ansi como viniese Cortés le matasen a puñaladas; que cuando Cortés estuviese comiendo le trujesen una carta e que dijesen que era de su padre, Martín Cortés, y que cuando la estuviese leyendo le diesen de puñaladas, ansí al Cortés como a todos los capitanes y soldados que cerca nos hallásemos. Pues quiso Nuestro Señor que un soldado lo descubriera a Cortés que luego pusiese remedio en ello. Y como Cortés lo supo, secretamente lo hace saber a todos nuestros capitanes; y ansi como lo supimos nos apercebimos y sin más tardar fuimos con Cortés a la posada de Antonio de Villafaña, de presto le echamos mano con cuatro alguaciles que Cortés llevaba. Y luego hizo proceso contra él, y le ahorcaron de una ventana del aposento donde posaba. Y luego acordó Cortés de tener guarda para su persona, y fue su capitán Antonio de Quiñones.

Capítulo CXLVI

Cómo Cortés mandó a todos los pueblos nuestros amigos questaban cercanos de Tezcuco que hiciesen almacén de saetas e casquillos de cobre para ellos

Como se hobo hecho justicia de Antonio de Villafaña y estaban ya pacíficos los que con él eran conjurados de matar a Cortés y a Pedro de Alvarado y a Sandoval y a los que fuésemos en su defensa, e viendo Cortés que ya los bergantines estaban hechos, envió a decir a todos los pueblos nuestros amigos que en cada pueblo hiciesen ocho mill casquillos de cobre, y que le labrasen y desbastasen otras ocho mill saetas, ansi fueron más de cincuenta mill casquillos y otras tantas mill saetas. Y luego mandó Cortés a Pedro Barba que los repartiese. Y también mandó a los de caballo que tuviesen sus caballos herrados, y las lanzas puestas a punto, e que cada día cabalgasen y corriesen. Y hecho esto envió cartas a Xicotenga el Viejo, a su hijo Xicotenga el Mozo, y a sus hermanos, y a Chichimecatecle, haciéndoles saber que en pasando el día de Corpus Christi habíamos de partir de aquella ciudad para ir sobre Méjico a ponelle cerco, y que le enviasen veinte mil guerreros de los suyos; también apercibió a los de Chalco y Tamanalco.

Capítulo CXLVII

Cómo se hizo alarde en la ciudad de Tezcuco en los patios mayores de aquella ciudad, y los de a caballo y ballesteros y escopeteros y soldados que se hallaron, y las ordenanzas que se pregonaron, y otras cosas que se hicieron

Se enviaron mensajeros e cartas a nuestros amigos, y acordó Cortés con nuestros capitanes y soldados que para el segundo día de Pascua del Espíritu Santo, del año de mill y quinientos y veinte y un años, se hiciese alarde en los patios mayores de Tezcuco, y halláronse ochenta y cuatro de a caballo y seiscientos y cincuenta soldados despada y rodela, y muchos de lanzas, y ciento y noventa y cuatro ballesteros y escopeteros, y déstos se sacaron para los trece bergantines. Esto hecho, mandó pregonar las ordenanzas que todos habíamos de guardar: que ninguna persona blasfeme de Nuestro Señor Jesucristo, ni de Nuestra Señora; que ningún soldado tratase mal a nuestros amigos; que ningún soldado fuese osado de salir de día ni de noche de nuestro real para ir a ningún pueblo de nuestros amigos ni a otra parte a traer de comer ni otra cualquier cosa; que todos los soldados llevasen muy buenas armas; que ninguna persona jugase caballo ni armas por vía ninguna; que ningún soldado duerma sin estar con todas sus armas vestidas y con los alpargates calzados. Las leyes que se mandan guardar en lo militar era: que al que se duerme en la vela o se va del puesto, que le ponen pena de muerte; que ningún soldado vaya de un real a otro sin licencia de su capitán; quel soldado que deja a su capitán e huye, pena de muerte.

Capítulo CXLVIII

Cómo Cortés buscó los remeros que habían de menester para remar los bergantines y les señaló capitanes que habían de ir en ellos, y de otras cosas que se hicieron

Después de hecho el alarde por mí ya otras veces dicho, como vio Cortés que para remar los bergantines no hallaba tantos hombres de la mar que supiesen remar, e los mandaba so graves penas que entrasen en los bergantines. Nombró por capitanes a: Garci Holguin, Pero Barba, Joan de Limpias, Carvajal el Sordo, Joan Jaramillo, Jerónimo Ruiz de la Mota, Carvajal, y un Portillo, a un Zamora, a un Colmenero, a un Lema, e a Ginés Nortes, a Briones, y a Miguel Diaz de Auz. Y venían los capitanes de Tascala con gran copia de guerreros, y venía en ellos por capitán general Xicotenga el Mozo. Que como Cortés supo que venía Xicotenga y sus hermanos e otros capitanes, les mandó aposentar en unos buenos aposentos y les mandó proveer de todo lo que en el real había; e después de muchos abrazos y ofrecimiento que les haría ricos, se despidió dellos, y les dijo que otro día les daría la orden de lo que habían de hacer, e que agora venían cansados y que reposasen.

Capítulo CXLIX

Cómo Cortés *mandó que fuesen tres guarniciones de soldados de caballo y ballesteros y escopeteros por tierra a poner cerco a la gran ciudad de Méjico*

Mandó que Pedro de Alvarado fuese por capitán de ciento y cincuenta soldados despadas y rodela, y de treinta de a caballo y diez y ocho escopeteros y ballesteros, y nombró que fuesen juntamente con él a Jorge de Alvarado, su hermano, y a Gutierre de Badajoz y Andrés de Monjaraz, y éstos mandó fuesen capitanes de cincuenta soldados, y que repartiesen entre todos tres los escopeteros y ballesteros, tanto una capitanía como otra, y que el Pedro de Alvarado fuese capitán de los de a caballo y general de las tres capitanías, y le dio ocho mill tascaltecas con sus capitanes, y a mí me señaló y mandó que fuese con el Pedro de Alvarado, y que fuésemos a poner sitio en la ciudad de Tacuba. Dio a Cristóbal de Olí, que era maestre de campo, otros treinta de a caballo y ciento y setenta y cinco soldados y veinte escopeteros y ballesteros, y le nombró otros tres capitanes, que fue Andrés de Tapia, y Francisco Verdugo, y Francisco de Lugo, y le dio otros ocho mill tascaltecas, y le mandó que fuese a sentarsu real en la ciudad de Cuyuacán. De otra guarnición de soldados hizo capitán a Gonzalo de Sandoval, y le dio veinte y cuatro de caballo y catorce escopeteros y ballesteros, y ciento y cincuenta soldados despada y rodela y lanza, y más de ocho mil indios de Chalco y Guaxocingo, y le dio por compañeros y capitanes a Luis Marín y a Pedro de Ircio, e que se asentase su real junto a Iztapalapa. Y luego mandó Cortés a Gonzalo de Sandoval que dejase aquello de Iztapalapa y fuese por tierra a poner cerco a otra calzada que va desde Méjico a un pueblo que se dice Tépeaquilla, adonde agora llaman Nuestra Señora de Guadalupe, donde hace y ha hecho muchos santos milagros.

Capítulo CL

Cómo Cortés mandó repartir los doce bergantines, y lo que más pasó

Como Cortés y todos nuestros capitanes y soldados entendíamos que sin los bergantines no podríamos entrar por las calzadas para combatir a Méjico, envió cuatro dellos a Pedro de Alvarado, y en su real, que era el de Cristóbal de Olí, dejó seis bergantines, y a Gonzalo de Sandoval, en la calzada de Tepeaquilla, le envió dos bergantines, y mandó quel bergantín más pequeño que no anduviese más en la laguna por que no le trastornasen las canoas. Pues desque nos vimos en nuestro real de Tacuba con aquella ayuda de los bergantines, mandó Pedro de Alvarado que los dos dellos anduviesen por una parte de la calzada y los otros dos de la otra parte; comenzamos a pelear muy de hecho, porque las canoas que nos solían dar guerra desde el agua los bergantines las desbarataban, y ansí teníamos lugar de les ganar algunas puentes y albarradas. Y cuando con ellos estábamos peleando era tanta la piedra con ondas y vara, flecha que nos eran tantos, que en todo el día harto tenía que curar. Desque hobimos asentado nuestros ranchos adonde dicho tengo, procuramos que las casas o barrios o aberturas de agua que les ganásemos que luego lo cegásemos y con las casas diésemos con ellas en tierra y las deshiciésemos. En el real de Cortés y en el de Gonzalo de Sandoval siempre tenían muy grandes combates, e muy mayores en el de Cortés, porque mandaba derrocar y quemar casas y cegar puentes. Y como vieron los pueblos questaban en la laguna poblados que cada día teníamos vitoria, ansí por el agua como por tierra, parece ser se juntaron todos e acordaron de venir de paz ante Cortés, y con mucha humildad le demandaron perdón si en algo nos habían enojado; los pueblos que vinieron fueron: Iztapalapa, Vichilobusco e Culuacán, y Mezquique, y todos los de la laguna y agua dulce; y les dijo Cortés que no habíamos de alzar real hasta que los mejicanos viniesen de paz o por guerra los acabase, y les mandó que en todo nos ayudasen y trujesen comida; lo cual dijeron que ansí lo harían, y no traían comida, sino muy poca y de mala gana. Bien tengo entendido que los curiosos letores se hartarán de ver cada dia tantos combates, y no se puede menos hacer, porque noventa y tres días questuvimos sobre esta tan fuerte y gran ciudad, cada día y de noche teníamos guerra y combates; y no los pongo por Capítulos de lo que cada día hacíamos porque me paresció que era gran prolijidad, y porque de aquí adelante no me quiero detener en contar tantas batallas, lo diré lo más breve que pueda.

Capítulo CLI

De las batallas y reencuentros que pasamos, y del desbarate que Cortés tuvo en su real, y de otras muchas cosas que pasaron en el nuestro de Tacuba

Como Cortés vio que no se podían cegar todas las aberturas y puentes y zanjas de agua que ganábamos cada día y de noche las tornaban abrir los mejicanos, y hacían más fuertes albarradas que de antes tenían hechas, y que era gran trabajo pelear y cegar puentes y velar todos juntos, acordó poner en pláticas con los capitanes y soldados que tenía en su real, si nos parescía que fuésemos entrando en la ciudad muy de golpe, hasta llegar al Tatelulco, ques la plaza mayor de Méjico, ques muy más ancha y grande que no la de Salamanca. Y el parescer de todos fue que para otro día saliésemos de todos tres reales con toda la mayor pujanza, y que les fuésemos ganando hasta la plaza mayor, ques el Tatelulco. Y apercebidos en todos tres reales y a nuestros amigos, un domingo en la mañana, después de haber oído misa, salimos de nuestro real con Pedro de Alvarado, y también salió Cortés del suyo, y Sandoval con sus capitanías, y con gran pujanza iba cada capitanía ganando puentes y albarradas, y los contrarios peleaban como fuertes guerreros, y Cortés por su parte llevaba mucha vitoria, y ansimismo Gonzalo de Sandoval por la suya. Pero los escuadrones mejicanos no dejaban de seguilles dándoles caza y grita, y diciéndoles muchos vituperios, y llamándoles de cobardes. Dejemos de hablar de Cortés y volvamos a nuestro ejército, ques el de Pedro de Alvarado, en la ciudad de Tacuba. Y como íbamos muy vitoriosos, y cuando no nos catamos, vimos venir contra nosotros tantos escuadrones mejicanos. Le doy muchas gracias a Dios y loores por ello, que me escapé aquella vez y otras muchas de poder de los mejicanos. Y estando questábamos de aquella manera, bien angustiados y heridos, no sabíamos de Cortés, ni de Sandoval, ni de sus ejércitos si les habían muerto o desbaratado. Volvamos a Cortés, que como estaba él y toda su gente los más muertos y heridos, les iban los escuadrones mejicanos hasta su real a darle guerra y aun le echaron delante sus soldados que resistían a los mejicanos cuando peleaban, otras cuatro cabezas corriendo sangre de los soldados que habian llevado al mismo Cortés, y les decían que eran del Tonatio, ques Pedro de Alvarado, y Sandoval y la de Bernal Díaz y de otros teules, que ya nos habian muerto a todos los de Tacuba. Entonces diz que desmayó mucho más Cortés de lo que antes estaba y se le saltaron las lágrimas por los ojos y todos los que consigo tenía, mas no de manera que sintiesen en el desmayo flaqueza. Y desque los mejicanos hobieron desbaratado a Cortes cargan sobre el Sandoval y su ejército y capitanes, y le mataron seis soldados y le hirieron a todos los que traía, y a él le dieron tres heridas, y estando batallando con los contrarios le ponen delante seis cabezas de los que mataron de Cortés, y dicen que aquellas cabezas eran del Malinche y del Tonatio, y que ansí habían de hacer al Sandoval y a los que con él estaban, y les dieron muy fuertes combates. Y el Sandoval desque aquello vio mandó a sus capitanes y soldados que todos mostrasen mucho ánimo y no desmayasen.

Capítulo CLII

De la manera que peleamos, y de muchas batallas que los mejicanos nos daban, y las pláticas que con ellos tuvimos, y de cómo nuestros amigos se nos fueron a sus pueblos, y de otras muchas cosas que pasaron

La manera que teníamos en todos tres reales de pelear es ésta: que velábamos cada noche todos los soldados juntos en las calzadas, y nuestros bergantines a los lados, y los de a caballo rondando la mitad dellos en lo de Tacuba, adonde nos hacían pan e teníamos nuestro fardaje, y la otra mitad en las puentes y calzada, y muy de mañana aparejábamos los puños para batallar con los contrarios, que nos venían a entrar en nuestro real y procuraban de nos desbaratar, y otro tanto hacían en el real de Cortés y en el de Sandoval, y esto no fue sino cinco días, porque luego tomamos otra orden, la cual diré adelante. Y digamos agora cómo los mejicanos cada noche hacían grandes sacrificios y fiestas en el cu mayor del Tatelulco, y tañían su maldito atambor y otras trompas y atabales y caracoles, y daban muchos gritos y alaridos, y tenían toda la noche grandes luminarias de mucha leña encendida, y entonces sacrificaban de nuestros compañeros a su maldito Huichilobos y Tezcatepuca y hablaban con ellos, y según ellos decían, que en la mañana de aquella mesma noche parece ser, como los ídolos son malos, por engañarles que no viniesen de paz, les hacían en creyente que a todos nosotros nos habían de matar. Dejemos de hablar de esto y digamos cómo nuestros amigos los de Tascala y de Cholula y de Guaxocingo, y aun los de Tezcuco y Chalco e Tamanalco, acordaron de se ir a sus tierras, e sin lo saber Cortés ni Pedro de Alvarado ni Sandoval se fueron todos los más, que no quedó en el real de Cortés salvo este Suchel, que después que se bautizó se llamó don Carlos, y era hermano de don Fernando, señor de Tezcuco, y era muy esforzado hombre, y quedaron en él otros sus parientes y amigos hasta cuarenta, y en el real de Sandoval quedó otro cacique de Guaxocingo con obra de cincuenta hombres, y en nuestro real quedaron dos hijos de

Lorenzo de Vargas y el esforzado de Chichimecatecle con obra de ochenta tascaltecas, sus parientes y vasallos. Y desque nos hallamos solos con tan pocos amigos, rescebimos pena, y Cortés y Sandoval, cada uno en su real, preguntaba a los amigos que les quedaban que por qué se habían ido de aquella manera los demás; y decían que como veían que los mejicanos hablaban de noche con sus ídolos y les prometían que nos habían de matar a nosotros y a ellos, que creían que era verdad, e de miedo se iban, y lo que le daba más crédito era que nos vían a todos heridos. Pasemos a otra cosa y digamos que como en todos tres reales les íbamos entrando en su ciudad, Cortés por su parte y Sandoval por la suya y Pedro de Alvarado por la nuestra, llegamos adonde tenían la fuente, que ya he dicho otra vez que bebían el agua salobre, la cual quebramos y deshecimos por que no se aprovechasen della, y estaban guardándola algunos mejicanos, y tuvimos buena refriega de vara y piedra y flecha, y digamos cómo Cortés envió a Guatemuz mensajeros rogándole por la paz.

Capítulo CLIII

Cómo Cortés envió tres principales mejicanos que se habían prendido en las batallas pasadas a rogar a Guatemuz que tuviséemos paces, y lo que el Guatemuz respondió, y lo que más pasó

Después que Cortés vio que íbamos ganando en la ciudad muchas puentes y calzadas y albarradas, y derrocando casas, como tenía presos tres principales personas, que eran capitanes de Méjico, les mandó que fuesen a hablar a Guatemuz para que tuviese paces con nosotros, y los principales dijeron que no osarían ir con tal mensaje, porque su señor Guatemuz les mandaría matar; en fin de más palabras, tanto se lo rogó Cortés, y con promesas que les hizo, y porque ha mancilla que aquella gran ciudad, porque no se acabe de destruir, que le ruega que vengan de paz, y que en nombre de Su Majestad les perdonará todas las muertes y daños que nos han hecho, y que tengan consideración a que ya se lo ha enviado a decir cuatro veces, y tenemos de nuestra parte todas las ciudades y pueblos de toda aquella comarca, y también les envió a decir que sabíamos que se les habían acabado los mantenimientos, y que agua no la tenían. Y desque los tres mensajeros parescieren ante su señor Guatemuz, con grandes lágrimas y sollozando le dijeron lo que Cortés les mandó, y el Guatemuz desque lo oyó, según supimos, que al principio rescibió pasión de que tuviesen atrevimiento de venilles con aquellas pláticas; mas como el Guatemuz era mancebo e muy gentil hombre para ser indio y de buena disposición y rostro alegre, y aun la color algo más que tiraba a blanco que a matiz de indias, que era de obra de veinte y cinco o veinte y seis años, y era casado con una muy hermosa mujer, hija del gran Montezuma, su tío, y, según después alcanzamos a saber, tenía voluntad de hacer paces, y para platicallo mandó juntar todos sus principales y capitanes y papas de los ídolos, y les dijo quél tenía voluntad de no tener guerra con Malinche y todos nosotros, y la plática que sobrello les puso fue que ya había probado todo lo que se puede hacer sobre la guerra y mudado muchas maneras de pelear; que les rogaba o mandaba que cada uno dellos diesen su parescer; y según paresció, le dijeron: "Señor y nuestro gran señor: ya te tenemos por nuestro rey, y es muy bien empleado en ti el reinado, pues en todas sus cosas te has mostrado varón y te viene de derecho el reino; las paces que dices buenas son; mas mira y piensa en ello: desque estos teules entraron en estas tierras nos ha ido de mal en peor; mira los servicios y dádivas que les dio vuestro tío el gran Montezuma en qué paró; pues ya ves que a todos tus súbditos los han hecho esclavos y señaladas las caras; mira primero lo que nuestros dioses te han prometido, no te fíes de Malinche y de sus palabras, que más vale que todos muramos en esta ciudad que no vernos en poder de quien nos harán esclavos, y nos atormentarán por oro". Y entonces el Guatemuz, medio enojado dijo: "Pues que ansi queréis que sea, guarda mucho el maíz y bastimento que tenemos y muramos todos peleando, y desde aquí adelante ninguno sea osado a demandarme paces; si no, yo le mandaré matar". Cortés y todos nosotros estuvimos dos días sin entralles en su ciudad esperando la respuesta, que cuando no nos catamos vienen tantos escuadrones de indios guerreros en todos tres reales y nos dan recia guerra. Desta manera pelearon seis o siete días arreo, y nosotros les matábamos y heríamos muchos dellos, y con todo esto no se les daba nada por morir.

Capítulo CLIV

Cómo Guatemuz tenía concertado con las provincias de Mataltzingo e Tulapa y Malinalco y otros pueblos que le viniesen ayudar y diesen en nuestro real, ques el de Tacuba, y en el de Cortés

Guatemuz envió las cabezas de los caballos y caras que habían desollado, y pies y manos de nuestros soldados que habían sacrificado, a muchos pueblos y a Mataltzingo y Malinalco e Tulapa, y les envió a decir que ya habían muerto más de la mitad de nuestras gentes, y que les rogaba que para que nos acabasen de matar que viniesen a le ayudar. Y como en Tulapa tenía el Guatemuz muchos parientes por parte de la madre, pusieron por la obra de se juntar e venir en socorro de Méjico y de su pariente Guatemuz. Salieron los mejicanos por tres partes con la mayor furia que hasta allí habíamos visto, y se vienen a nosotros, y en todos tres reales nos dieron muy recia guerra, y puesto que les heríamos y matábamos muchos dellos, paréceme que deseaban morir peleando. Ya les íbamos ganando gran parte de la ciudad; mas al tiempo que nos retraíamos nos venían siguiendo hasta nos echar mano. Cortés que acordó con todos los demás capitanes y soldados, que les entrásemos cuanto más pudiésemos hasta llegalles al Tatelulco, donde estaban siete altos cues y adoratorios. Las diez capitanías de Pedro de Alvarado llegamos al Tatelulco, y había tanto mejicano en guarda de sus ídolos y altos cues, questuvimos bien dos horas que no se las podíamos tomar ni entralles. Aquí había bien que decir en qué peligro nos hobimos en ganalles aquellas fortalezas; e todavía les posimos fuego, y se quemaron los ídolos, y levantamos nuestras banderas. Como Cortés y sus capitanes vieron otro día, desde donde andaban batallando por sus partes, las llamaradas que el cu mayor se ardía, que no se habían apagado, y nuestras banderas encima, se holgó mucho, y aun dijeron que tuvo invidia. Mas desde a cuatro días se juntó con nosotros así Cortés como el Sandoval. Y en este instante ya se iban retrayendo el Guatemuz con todos sus guerreros en una parte de la ciudad dentro de la laguna, porque las casas y palacios en que vivía ya estaban por el suelo, y con todo esto no dejaban cada día de salir a nos dar guerra. E viendo esto Cortés, e que se pasaban muchos días e no venían de paz ni tal pensamiento tenían, acordó con todos nuestros capitanes que les echásemos celadas. Dejemos desto y digamos cómo ya estábamos todos en el Tatelulco, y Cortés nos mandó Cortés que no les entrásemos más en la ciudad ni les derrocásemos más casas, porque les quería tornar a demandar paces. Y en aquellos días que allí estuvimos en el Tatelulco envió Cortés a Guatemuz rogándole que se diese y no hobiese miedo, y le prometió que mandaría a Méjico y todas sus tierras y ciudades como solía. Y el Guatemuz entró en consejo con sus capitanes, y lo que le aconsejaron que dijese que quería paz y que aguardarían tres días en dar la respuesta, y que en aquellos tres días ternían tiempo de saber la voluntad de su Huichilobos. Y envió Guatemuz cuatro mejicanos principales con aquella respuesta, e creíamos que eran verdaderas las paces; y Cortés les mandó dar muy bien de comer y beber a los mensajeros, y les tornó a enviar a Guatemuz. Y el Guatemuz tornó a enviar otros mensajeros, e con ellos dos mantas ricas, e dijeron que vernía para cuando estaba acordado; y por no gastar más razones, nunca quiso venir, porque le aconsejaron que no creyese a Cortés, y poniéndole por delante el fin de su tío el gran Montezuma y sus parientes y la destruición de todo el linaje noble mejicano, y dijese questaba malo. Pues como estábamos aguardando al Guatemuz y no vernía, vimos la malicia, y en aquel instante salen tantos batallones de mejicanos con sus devisas y dan a Cortés tanta guerra, que no se podía valer. Y desquesto vio Cortés, mandó que les tornásemos a dar guerra y les entrásemos en su ciudad; y como vieron que les íbamos ganando toda la ciudad, envió Guatemuz dos principales a decir a Cortés que quería hablar con él desde una abertura de agua, y había de ser que Cortés de la una parte y el Guatemuz de la otra, y señalaron el tiempo para otro día de mañana, y fue Cortés para hablar con él, y no quiso venir el Guatemuz al puesto, sino envió principales y dijeron que su señor no osaba venir por temor que cuando estuviesen hablando le tirasen escopetas y ballestas y le matarían, y entonces Cortés les prometió con juramento que no le enojaría en cosa ninguna; que no le creyeron, e dijeron no le pasara lo que a Montezuma. Cortés acordó que con doce bergantines fuese en ellos Gonzalo de Sandoval y entrase en la parte de la ciudad a donde estaba Guatemuz retraído.

Capítulo CLV

Cómo Gonzalo de Sandoval entró con los doce bergantines a la parte questaba Guatemuz y le prendió, y lo que sobrello pasó

Cortés mandó a Gonzalo de Sandoval que entrase con bergantines en el sitio de la ciudad adonde estaba retraído Guatemuz con toda la flor de sus capitanes y personas más nobles que en Méjico había, y le mandó que no matase ni hiriese a ningunos indios, salvo si no le diesen guerra, e, aunque se la diesen, que solamente se defendiese y no les hiciese otro mal; y que les derrocase las casas y muchas barbacanas que habían hecho en la laguna. Y Cortés se subió en el cu mayor del Tatelulco para ver cómo Sandoval entraba con los bergantines. Y como el Sandoval entró con gran furia con los bergantines en aquel paraje donde estaban las casas del Guatemuz, y desque se vio cercado el Guatemuz tuvo temor no le prendiesen o matasen, y tenía aparejadas cincuenta grandes piraguas con buenos remeros para que, en viéndose en aprieto, salvarse e irse a esconderse en otros pueblos; y como vieron que les entraban entre las casas, se embarca en las cincuenta canoas, e ya tenían metido su hacienda y oro y joyas y toda su familia e mujeres, y se mete en ellas y tira por la laguna adelante, acompañado de muchos capitanes; y como en aquel instante iban otras muchas canoas, llena la laguna dellas, y Sandoval luego tuvo noticia que Guatemuz iba huyendo, mandó a todos los bergantines que dejasen de derrocar casas y barbacoas y siguiesen el alcance de las canoas e mirasen a qué parte iba el Guatemuz, e que no le ofendiese ni le hiciesen enojo ninguno, sino que buenamente le procurasen de prender. Y Garcia Holguin alcanzó a las canoas y piraguas en que iba el Guatemuz, e hizo por señas que aguardasen, y no querían aguardar, e hizo como que le querían tirar con las escopetas, y el Guatemuz desque lo vio hobo miedo y dijo: "No me tire, que yo soy el rey desta ciudad e me llaman Guatemuz; lo que te ruego es que no llegues a cosas mías de cuantas trayo, ni a mi mujer ni parientes, sino llévame luego a Malinche". Y Cortés mandó aparejar un estrado con petates y mantas y asentaderos, y mucha comida de lo que tenía para sí; y luego vinieron Sandoval y Holguin con el Guatemuz, y Cortés con alegría le abrazó, y entonces el Guatemuz dijo a Cortés: "Señor Malinche: ya he hecho lo que soy obligado en defensa de mi ciudad, y no puedo más, y pues vengo por fuerza y preso ante tu persona y poder, toma ese puñal que tienes en la cinta y mátame luego con él". Y Cortés le respondió que por haber sido tan valiente y volver por su ciudad, le tenía en mucho más su persona, y que no era dino de culpa ninguna, e quél mandará a Méjico y a sus provincias como de antes. Y Guatemuz y sus capitanes dijeron que lo tenían en merced. Y Cortés envió por la mujer y por otras grandes señoras mujeres de otros capitanes que venían con el Guatemuz, y les mandó dar de comer lo mejor que en aquella sazón había en el real. Se prendió Guatemuz y sus capitanes en trece de agosto, a hora de víspera, en día de señor San Hipólito, año de mill e quinientos y veinte y un años. Guatemuz era de muy gentil disposición, ansi de cuerpo como de faiciones, y la cara algo larga y alegre, y los ojos más parecían que miraban con gravedad que halagüeños, y no había falta en ellos, y decían que era sobrino de Montezuma, y era casado con una hija del mesmo Montezuma, muy hermosa mujer y moza. Dejemos de hablar de esto, y digamos que como había tanta hedentina en aquella ciudad,

Guatemuz rogó a Cortés que diese licencia para que todo el poder de Méjico questaba en la ciudad se saliesen fuera por los pueblos comarcanos, y en tres días con sus noches en todas tres calzadas, llenas de hombres y mujeres e criaturas, no dejaron de salir, y tan flacos y amarillos y sucios y hediondos, que era lástima de los ver. Envió Cortés a ver la ciudad, y víamos las casas llenas de muertos; y hallóse toda la ciudad como arada y sacada las raíces de las hierbas que habían comido, y cocidas hasta las cortezas de algunos árboles; de manera que agua dulce no les hallamos ninguna, sino salada. También quiero decir que no comían las carnes de sus mejicanos, si no eran de los nuestros. Cortés mandó hacer un banquete en Cuyuacán por alegrías de haber ganado, y para ello tenía ya mucho vino de un navío que había venido de Castilla, y valiera más que no se hiciera aquel banquete por muchas cosas no muy buenas que en él acaecieron.

Capítulo CLVI

Cómo después de ganada la muy gran ciudad de Méjico y preso Guatemuz y sus capitanes, lo que Cortés mandó que se hiciese, y ciertas cosas que ordenó

La primera cosa que mandó Cortés a Guatemuz que adobasen los caños de agua de Chapultepeque, según y de la manera que solían estar, y que luego fuese el agua por sus caños a entrar en la ciudad de Méjico, y que limpiasen todas las calles de los cuerpos y cabezas de muertos, que los enterrasen, para que quedasen limpias y sin hedor ninguno la ciudad, y que los palacios y casas las hiciesen nuevamente, y que de antes de dos meses se volviesen a vivir en ellas, y les señaló en qué habían de poblar y qué parte habían de dejar desembarazada para en que poblásemos nosotros. Guatemuz y sus capitanes dijeron a Cortés que muchos soldados y capitanes les habíamos tomado muchas hijas y mujeres de principales; que le pedían por merced que se las hiciesen volver, y Cortés les respondió que serían malas de haber de poder de quien las tenían, y que las buscasen y trujesen antél, y vería si eran cristianas o se querían volver a sus casas con sus padres y maridos, y dioles licencia para que las buscasen. Y andaban muchos principales en busca dellas de casa en casa, y eran tan solícitos, que las hallaron, y había muchas mujeres que no se querían ir con sus padres, ni madres, ni maridos, sino estarse con los soldados con quien estaban, y otras se escondían, y otras decían que no querían volver a idólatras, y aun algunas dellas estaban ya preñadas, y desta manera no llevaron sino tres, que Cortés expresamente mandó que las diesen. Hobo fama que todo el oro, la plata y las joyas lo había echado Guatemuz en la laguna cuatro días antes que se prendiese, y que, demás desto, lo habían robado los tascaltecas y todos nuestros amigos questaban en la guerra, y que los teules que andaban en los bergantines robaron su parte; por manera que los oficiales de la hacienda del rey decían y publicaban que Guatemuz lo tenía escondido y que Cortés holgaba dello porque no lo diese y habello todo para sí, y por estas causas acordaron los oficiales de la Real Hacienda de dar tormento a Guatemuz y al señor de Tacuba, que era su primo y gran privado, y ciertamente mucho le pesó a Cortés que a un señor como Guatemuz le atormentasen por cobdicia del oro. Como los conquistadores que no estaban bien con Cortés vieron tan poco oro, tenían sospecha que por quedarse con él Cortés no quería que prendiesen al Guatemuz, ni diesen tormentos, y porque no le achacasen algo a Cortés sobrello, y no lo pudo excusar, le atormentaron, en que le quemaron los pies con aceite, y al señor de Tacuba, y lo que confesaron que cuatro días antes lo echaron en la laguna, y fueron adonde señaló Guatemuz que lo habían echado, y no hallaron cosa ninguna, y lo que yo vi que fuimos con el Guatemuz a las casas en que solía vivir, y estaba una como alberca de agua, y de aquella alberca sacamos un sol de oro como el que nos dio Montezuma, y muchas joyas y piezas de poco valor que eran del mismo Guatemuz, y el señor de Tacuba dijo que él tenía en unas casas suyas, ciertas cosas de oro, y que le llevasen allá y diría adónde estaba enterrado y lo daría; y Pedro de Alvarado y seis soldados, e yo fuimos en su compañía, y cuando allá llegamos dijo el cacique que por morirse en el camino había dicho aquello, que le matasen, que no tenía oro ni joyas ningunas. Y cómo todos los capitanes y soldados estábamos algo pensativos desque vimos el poco oro y las partes tan pobres y malas, y el fraile de la Merced y Pedro de Alvarado e Cristóbal de Olí dijeron a Cortés que pues había poco oro, que lo repartiesen a los que quedaron mancos y cojos y ciegos y tuertos y sordos; y esto que le dijeron a Cortés fue porque había muchas sospechas que lo tenía escondido. Y viendo que no era justo que anduviese el oro de aquella manera, se envió a hacer saber a Su Majestad, y Su Majestad fue servido mandar que no anduviese más, y que todo lo que se le hubiese de pagar, que se le pagase de aquel mal oro, y desta manera se llevó todo a Castilla. Y como Cortés vio que muchos soldados se desvergonzaban en demandalle más partes y decían que se lo tomaba todo para sí e lo robaba, acordó de quitar sobre sí aquel dominio y de enviar a poblar a todas las provincias que le paresció que convenía que se poblasen.

Capítulo CLVII

Cómo vinieron cartas a Cortés, cómo en el puerto de la Veracruz había llegado un Cristóbal de Tapia con dos navíos y traía provisiones de Su Majestad para que gobernase la Nueva España, y lo que sobrello se acordó e hizo

Puesto que Cortés hobo despachado los capitanes y soldados por mí ya dichos a pacificar e poblar provincias, en aquella sazón vino un Cristóbal de Tapia, veedor de la isla de Santo Domingo, con provisiones de Su Majestad, guiadas y encaminadas por don Juan Rodríguez de Fonseca, obispo de Burgos, para que le admitiesen a la gobernación de la Nueva España, y demás de las provisiones traía muchas cartas del mismo obispo para Cortés y para otros muchos conquistadores y capitanes para que favoresciesen al Cristóbal de Tapia, y demás de las cartas que venían cerradas y selladas por el obispo traía otras muchas en blanco para quel Tapia escribiese en ellas todo lo quisiese y nombrase a los soldados y capitanes que le pareciese que convenía, y en todas ellas traía muchos prometimientos del obispo que nos haría grandes mercedes si dábamos la gobernación al Tapia, y si no se la entregamos, muchas amenazas, y decía que Su Majestad nos enviaría a castigar. Y presentadas las provisiones delante del Jerónimo de Alvarado, y el Gonzalo de Alvarado las obedesció y puso sobre su cabeza como provisiones y mandado de nuestro rey y señor, y que en cuanto al cumplimiento, dijo que se juntarían los alcaldes e regidores de aquella villa y que platicarían y verían cómo e de qué manera eran habidas aquellas provisiones. El Tapia a Cortés de la manera que venía por gobernador; y como Cortés era muy avisado, si muy buenas cartas le escribió el Tapia, muy mejores respuestas y más halagüeñas y llenas de cumplimientos le envió el Cortés.

Capítulo CLVIII

Cómo Cortés y los oficiales del Rey acordaron de enviar a Su Majestad todo el oro que le había cabido de su real quinto de los despojos de Méjico, y cómo se envió por s í la recámara del oro y joyas que fue de Montezuma y Guatemuz, y lo quesobrello acaesció

Los conquistadores escrebimos al rey juntamente con Cortés y fray Pedro Melgarejo y el tesorero Julián de Alderete, y todos a una decíamos de los muchos y buenos y leales servicios que Cortés y todos le habíamos hecho, y lo por nosotros subcedido desque entramos a ganar la ciudad de Méjico, y suplicamos à Su Majestad que nos enviase obispos religiosos de todas órdenes que fuesen de buena vida y dotrina para que nos ayudasen a plantar más por entero en estas partes nuestra santa fe católica, y le suplicamos todos a una que la gobernación desta Nueva España que le hiciese merced della a Cortés, pues tan bueno y leal servidor le era, y a todos nosotros los conquistadores nos hiciese mercedes para nosotros y para nuestros hijos, que todos los oficios reales, ansi de tesorero, contador y fator y escribanía públicas y fieles ejecutores e alcaldías de fortalezas que no hiciese merced dellas a otras personas, sino qué entre nosotros se nos quedase. Dejemos de las cartas, y digamos de su buen viaje que llevaron nuestros procuradores después que partieron del puerto de la Veracruz, y ya que iban camino de España, no muy lejos de aquella isla topa con ellos Juan Florín, francés corsario, y toma el oro y navíos, y prende al Alonso de Avila y llevóle preso a Francia, donde hizo grandes presentes a su rey e al almirante de Francia de las cosas y piezas de oro que llevaba de la Nueva España, que toda Francia estaba maravillada de las riquezas que enviábamos a nuestro gran emperador. Y entonces el rey de Francia tornó a mandar al Juan Florín que volviese con otra armada, y de aquel viaje que volvió, ya que llevaba gran presa de todas ropas entre Castilla y las islas de Canarias, dio con tres o cuatro navíos recios y de armada, vizcaínos, y los unos por una parte y los otros por otra envisten con el Juan Florín y lo rompen y desbaratan, y prenden a él y a otros muchos franceses, y les tomaron sus navíos y ropa, y los llevaron presos a Sevilla, y en el puerto del Pico les ahorcaron; y en esto paró nuestro oro y capitanes que lo llevaron, y el Juan Florín que lo robó. Y el obispo de Burgos dijo que se holgó que se hobiese perdido y robado todo el oro, y dijeron que había dicho: "En esto habían de parar las cosas deste traidor de Cortés".

Capítulo CLIX

Cómo Gonzalo de Sandoval llegó con su ejército a un pueblo que se dice Tustepeque, y lo que allí hizo, y después pasó a Guazacualco

Llegado Gonzalo de Sandoval a un pueblo que se dice Tustepeque, toda la provincia vino de paz, eceto unos mejicanos que fueron en la muerte de sesenta españoles y mujeres de Castilla que se habían quedado malos en aquel cuando vino Narváez, y era el tiempo que en Méjico nos desbarataron, entonces los mataron. El Sandoval procuró de prender a los capitanes mejicanos que les dio guerra y les mató, y prendió el más principal dellos e hizo proceso contra él, y por justicia lo mandó quemar. Caminamos a Guazacualco, que será de la villa de la Veracruz obra de setenta leguas, y entramos en una provincia que se dice Zitla, la más fresca y llena de bastimentos y bien poblada que habíamos visto, y enviamos a llamar a los caciques de aquellos pueblos, y vinieron de ahí a cinco días, y trujeron de comer y unas joyas de oro muy fino, y dijeron que cuando quisiésemos pasar que ellos traerían muchas canoas grandes. Estando Sandoval entendiendo en la poblazón de aquella villa y llamando otras provincias de paz, le vinieron cartas cómo había entrado un navío en el río de Ayagualulco, y en él venían de la isla de Cuba la señora doña Catalina Juárez, la Marcaida, mujer que fue de Cortés, y la traía su hermano, Juan Juárez, y venía otra señora, su hermana, y otras muchas señoras casadas, y también vino un Antonio Diosdado, y otros muchos. Y como Gonzalo de Sandoval lo alcanzó a saber, él en persona con todos los más capitanes y soldados fuimos por aquellas señoras. Y lo hizo saber el Sandoval muy en posta a Cortés de su venida, y las llevó luego camino de Méjico. Y desque Cortés lo supo dijeron que le había pesado mucho de su venida, y dende a obra de tres meses que hobo llegado oímos decir que la hallaron muerta de asma una noche, y porque yo no sé más desto que he dicho no tocaremos en esta tecla, y otras personas lo dijeron más claro y abiertamente en pleito que sobre ella hobo el tiempo andando en la Real Audiencia de Méjico.

Capítulo CLX

Cómo Pedro de Alvarado fue a Tututepeque a poblar un villa y lo que en la pacificación de aquella provincia y poblar la villa le acaesció

Es menester que volvamos algo atrás para dar relación desta ida que fue Pedro de Alvarado a poblar Tututepeque: Que como se ganó la ciudad de Méjico y se supo en todas las comarcas y provincias que una ciudad tan fuerte estaba por el suelo, enviaban a dar el parabién a Cortés de la vitoria y a ofrescerse por vasallos de Su Majestad, y entre muchos grandes pueblos que en aquel tiempo vinieron fue uno que se dice Teguantepeque y Zapotecas, y trujeron un presente de oro a Cortés y dijéronle questaban otros pueblos algo apartados de su provincia, que se decían Tututepeque, muy enemigos suyos, e que les venían a dar guerra porque habían enviado los de Teguantepeque a dar la obidiencia a Su Majestad, y le demandaron a Cortés con mucha importunación les diese hombres de a caballo y escopeteros y ballesteros para ir contra sus enemigos. E Cortés les habló muy amorosamente e les dijo que quería enviar con ellos al Tonatio, que ansí llamaban a Pedro de Alvarado, y le dio sobre ciento y ochenta soldados, y entrellos sobre treinta y cinco de a caballo; mas luego de pacificada se fue para Méjico con todo el oro.

Capítulo CLXI

Cómo vino Francisco de Garay de Jamaica con grande armada para Pánuco, y lo que le acontesció

Como Francisco de Garay era gobernador en la isla de Jamaica e rico, y tuvo nueva que habíamos descubierto muy ricas tierras, y habíamos llevado a la isla de Cuba veinte mill pesos de oro, y los hobo Diego Velázquez, gobernador que era de aquella isla, y que venía en aquel instante Hernando Cortés con otra armada, tomóle gran cobdicia de venir el Garay a conquistar algunas tierras, pues tenía mejor aparejo que otros ningunos, y tuvo nueva y plática de un Antón de Alaminos, que fue el piloto mayor que habían os traído cuando lo descubrimos, cómo estaban muy ricas tierras y muy pobladas desde el río de Pánuco adelante, e que aquella podia enviar a suplicar a Su Majestad que le hiciese merced; y acordó enviar a un su mayordomo, que se decía Juan Torralva, a la corte con cartas y dineros a suplicar que le hiciesen merced de la gobernación del río de Pánuco con todo lo demás que descubriese y estuviese por poblar. Y envió provisiones, tres navíos con hasta doscientos y cuarenta soldados, muchos caballos y escopeteros y ballesteros, y por capitán dellos a un Alonso de Alvarez Pineda o Pinedo. Pues como hobo enviado aquella armada, los indios de Pánuco se la desbarataron y mataron al capitán Pineda y a todos los caballos y soldados que tenía, eceto obra de sesenta soldados que vinieron al puerto de la Villa Rica con un navío, y por capitán dellos a un Camargo, que se acogieron a nosotros; y tras aquellos tres navíos, viendo el Garay que no tenía nueva dellos, envió otros dos navíos con muchos soldados y caballos y bastimentos, los cuales se vinieron también a nuestro puerto. Pues viendo el Francisco de Garay que ya había gastado muchos pesos de oro, y oyó decir de la buena ventura de Cortés y de las grandes ciudades que había descubierto, y del mucho oro y joyas que había en la tierra, tuvo más envidia e cobdicia y levantó más la voluntad de venir él en persona y traer la mayor armada que pudiese; y buscó once navíos y dos bergantines; y allegó ciento y treinta y seis caballos y ochocientos y cuarenta soldados. Y salió de Jamaica con toda su armada e vino a la isla de Cuba, y allí alcanzó a saber que Cortés tenía pacificada toda la provincia de Pánuco e poblada una villa, e que había enviado a Su Majestad a suplicar le hiciese merced de la gobernación della juntamente con la Nueva España, temió la fortuna de Cortés. Cuando llegó al Pánuco se le amotinaron sus soldados, y aun así envió a un su capitán, que se decía Ocampo, a la villa de Santisteban a saber qué voluntad tenía el teniente questaba por Cortés, que se decía Pedro de Vallejo. Y el Vallejo les dijo que Cortés holgara de tener tan buen vecino por gobernador, mas que le había costado muy caro la conquista de aquella tierra y Su Majestad le había hecho merced dé la gobernación. Tras esto, escribió el Vallejo a Cortés, y aun le envió la carta del Garay. E desque Cortés vio la carta, envió a llamar a Pedro de Alvarado e a Gonzalo de Sandoval, y envió con ellos los recaudos que tenía cómo Su Majestad le había mandado que todo lo que conquistase tuviese en sí. Al

Francisco de Garay le paresció buena respuesta y se vino con todo su ejército a subjetar. Dejemos demás platicar desto, y digamos en qué paró Garay, que una noche de Navidad del año de mill e quinientos y veinte y tres, con Cortés, después de vueltos de la iglesia almorzaron con mucho regocijo, y le dio dolor de costado con grandes calenturas; dende a cuatro días que le dio el mal dio el alma a Nuestro Señor Jesucristo que la crió.

Capítulo CLXII

Cómo el licenciado Alonso de Zuazo venia en una carabela a la Nueva España y dio en unas isletas que llaman las víboras, y lo que más le acontesció

Cuando Francisco de Garay llegó a la isla de Cuba, antes de venir al Pánuco, había importunado al licenciado Zuazo que fuese con él en su armada, para ser medianero entrél y Cortés, y el Alonso de Zuazo le prometió que ansi lo haría en dando cuenta de la residencia del cargo que tuvo de justicia en aquella isla de Cuba donde al presente vivía, y en hallándose desembarcado luego procuró de dar residencia y hacerse a la vela e ir a la Nueva España adonde había prometido, y se embarcó en un navío chico, e yendo por su viaje y salidos de la punta que llaman de Sant Antón, descayó con las corrientes, fue a dar en unas isletas que llaman Las Víboras, y lo que le dio la vida fue ser su navío de poco porte. Y esta relación que doy es por una carta que nos escribió Cortés a la villa de Guazacualco, donde declaraba lo por mí aquí dicho, e porque dentro en dos meses vino al puerto de aquella villa el mismo barco en que vinieron los marineros a dar aviso del Zuazo, e allí hicieron un barco del descargo de la misma barca, y de los mismos marineros nos los contaban según y de la manera que aquí lo escrito.

Capítulo CLXIII

Cómo Cortés envió a Pedro de Alvarado a la provincia de Guatimala para que poblase una villa y los atrajese de paz, y lo que sobrello se hizo

Pues como Cortés siempre tuvo los pensamientos muy altos y en la ambición de mandar y señorear quiso en todo remedar a Alejandro Macedonio, y con los buenos capitanes y extremados soldados que siempre tuvo y después que se hobo poblado la gran ciudad de Mejico, e Guaxaca, e a Zacatula, e a Colimar, e a la Veracruz, e a Pánuco, e a Guazacualco, y tuvo noticia que en la provincia de Guatimala había recios pueblos e de mucha gente, e que había minas, acordó de enviar a la conquistar y poblar a Pedro de Alvarado, e aún el mismo Cortés había enviado a rogar aquella provincia que viniesen de paz, e no quisieron venir. Y diole al Alvarado para aquel viaje sobre trecientos soldados, y entre ellos ciento y veinte escopeteros y ballesteros; y después le dio las instrucciones en que le demandaba procurase de los atraer de paz sin dalles guerra, e con ciertas lenguas e clérigos que llevaba les predicase las cosas tocantes a nuestra santa fe, e que no les consintiese sacrificios, ni sodomías, ni robarse unos a otros. Y cuando Alvarado llegó desde Soconusco a otras poblazones que se dicen Zapotitán, halló muchos escuadrones de guerreros que lestaban esperando para no dejalle pasar, y tuvo una batalla con ellos en que le mataron un caballo e hirieron muchos soldados, y dos dellos murieron de las heridas; y eran tantos indios los que se habían juntado contra Alvarado, no solamente los de Zapótitán, sino de otros pueblos comarcanos, que por muchos dellos que herían no los podían apartar, y por tres veces tuvieron reencuentros; y quiso Nuestro Señor que los venció e le vinieron de paz; y desde Zapotitán va camino de un recio pueblo que se dice Quetzaltenango, y halló tanta multitud de guerreros que lestaban esperando y le encomenzaron a cercar. Pedro de Alvarado y todos sus soldados pelearon con grande ánimo, de manera que toda aquella comarca le envió a demandar paces.

Capítulo CLXIV

Cómo Cortés envió una armada para que pacificase y conquistase las provincias de Higueras y Honduras, y envió por capitán a Cristóbal de Olí. Y lo que pasó diré adelante

Como Cortés tuvo nueva que había ricas tierras y buenas minas en lo de Higueras e Honduras, y aun le hicieron en creyente unos pilotos que habían estado en aquel paraje o bien cerca dél, que habían hallado unos indios pescando en la mar y que les tomaron las redes e que las plomadas que en ellas traían para pescar que eran de oro revuelto con cobre, acordó de enviar por capitán para aquella jornada a Cristóbal de Olí; y le mando que buenamente sin haber muertes de indios, desque hobiese desembarcado procurase poblar una villa en algún buen puerto. Algunos soldados aconsejaron al Cristóbal de Olí que se alzase desde luego a Cortés y que no le conociese desde allí por superior ni le acudiese con cosa ninguna. Y el Diego Velázquez vino a dondestaba la armada, y lo que se concertó fue que entrél y Cristóbal de Olí tuviesen aquella tierra de Higueras y Honduras por Su Majestad y en su real nombre Cristóbal de Olí, y quel Diego Velazquez lo proveería de lo que hobiese menester e haría sabidor dello en Castilla a Su Majestad para que le trayan la gobernación. Cristóbal de Olí, que fuera tan sabio y prudente como era desforzado y valiente, mas no era para mandar, sino para ser mandado, y era al principio, cuando estaba en Mejico, gran servidor de Cortés, sino questa ambición de mandar y no ser mandado lo cegó, e con los malos consejeros, y también como fue criado en casa de Diego Velázquez cuando mozo, reconocible el pan que en su casa comió; más obligado era a Cortés que no a Diego Velázquez. Pues ya hecho este concierto con el Diego Velázquez, fue a desembarcar e con buen tiempo adelante de Puerto de Caballos, e hizo nombramiento de alcaldes y regidores a los que Cortés le había mandado cuando estaba en Méjico que nombrase y diese cargos, y tomó la posesión de aquellas tierras por Su Majestad y de Hernando Cortés en su real nombre;

y todo esto que hacía era porque los amigos de Cortés no entendiesen que iba alzado. Y dejémosle, que Cortés nunca supo cosa ninguna hasta más de ocho meses.

Capítulo CLXV

Cómo los que quedamos poblados en Guazacualco siempre andábamos pacificando las provincias que se nos alzaban, y cómo Cortés mandó al capitán Luis Marín que fuese a conquistar e a pacificar la provincia de Chiapa e me mandó que fuese con él

Pues como estábamos poblados en aquella villa de Guazacualco muchos conquistadores viejos y personas de calidad y teníamos grandes términos repartidos entre nosotros, muchas de las provincias se alzaban cuando les pedían tributos y aun mataban a sus encomenderos, y a esta causa siempre andábamos de pueblo en pueblo con una capitanía atrayéndolos de paz, y como los de un poblado nombrado Zimatán no querían venir a la villa ni obedescer mandamientos que les enviaban, acordó el capitán Luis Marín que fuésemos cuatro vecinos a los traer de paz. E yendo que íbamos a su provincia, salen a nosotros tres escuadrones de flecheros y lanceros, que a la primera refriega de flecha mataron a los dos de nuestros compañeros. Y dejemos de más hablar en esto y digamos que Nuestro Señor Jesucristo fue servido escaparnos de morir allí. E viendo el capitán Luis Marín que no podíamos pacificar aquellas provincias, antes mataban muchos de nuestros españoles, acordó de ir a Méjico a demandar a Cortés más soldados. Cortés entonces le mandó que volviese a Guazacualco, y envió con él obra de treinta soldados, y le mandó que con todos los vecinos questábamos en la villa fuésemos a la provincia de Chiapa, questaba de guerra, que la pacificásemos y poblásemos una villa. Y fuimos abriendo caminos nuevos, y todos los rededores questaban poblados habían gran miedo a los chiapanecas, porque eran en aquel tiempo los mayores guerreros en toda la Nueva España. Y esto digo porque jamás Méjico los pudo señorear. Y ya que llegamos cerca de sus poblazones, les salimos al encuentro antes que llegasen al pueblo, y tuvimos una gran batalla con ellos; rompimos todos los de a caballo puestos en cuadrillas, y los escopeteros y ballesteros y despada y rodela, nos ayudaron muy bien; mas eran tantos los contrarios que sobre nosotros vinieron, que si no fuéramos de los que en aquellas batallas nos hallamos cursados a otras afrentas, pusiera a otros gran temor. Y desque les hobimos desbaratado, dimos muchas gracias a Dios.

Capítulo CLXVI

De cómo estando en Castilla nuestros procuradores recusaron al obispo de Burgos, y lo que más pasó

Ya he dicho en los Capítulos pasados que don Juan Rodríguez de Fonseca, obispo de Burgos, arzobispo de Rosano, que ansi se nombraba, hacía muy mucho por las cosas del Diego Velázquez y era contrario a las de Cortés y a todas las nuestras, y quiso Nuestro Señor Jesucristo que en el año de mill e quinientos y veinte e uno fue elegido en Roma por Sumo Pontífice nuestro muy santo padre el papa Adriano de Lovaina, y nuestros procuradores fueron a besar sus santos pies, e un gran señor alemán, que era de la cámara de Su Majestad, que se decía mosiur de Lasao, le vino a dar el parabién del pontificado por parte del emperador nuestro señor; ya Su Santidad y el monsiur de Lasao tenían noticia de los heroicos hechos y grandes hazañas que Cortés y todos nosotros habíamos hecho en la conquista desta Nueva España; y parece ser que aquel caballero alemán suplicó al santo padre Adriano que fuese servido en entender muy de hecho entre las cosas de Cortés y el obispo de Burgos, y Su Santidad lo tomó también muy a pechos.

Capítulo CLXVII

Cómo fueron ante Su Majestad Pánfilo de Narváez y Cristóbal de Tapia y un piloto que se decía Gonzalo de Umbría y otro soldado que se llamaba Cárdenas, y con favor del obispo de Burgos

Llegó a Castilla Pánfilo de Narváez, y también Cristóbal de Tapia, y trujeron en su compañía a un Gonzalo de Umbría e otro soldado que se decía Cárdenas, y todos juntos se fueron a Toro a demandar favor al obispo de Burgos para se ir a quejar de Cortés delante de Su Majestad. Los Capítulos que contra él pusieron fue que Diego Velázquez envió a descubrir y poblar la Nueva España tres veces, y que gastó gran suma de pesos de oro en navíos y armas y matalotaje y en cosas que dio a los soldados, y que envió en la armada a Hernando Cortés por capitán della, y se alzó con ella que no le acudió con ninguna cosa; que proveyó el mesmo obispo de Burgos para que fuese el Cristóbal de Tapia a tomar la gobernación de aquellas tierras en nombre de Su Majestad, y que no le quiso obedescer, y que por fuerza le hizo volver a embarcar; y acusábanle que había demandado a los indios de todas las ciudades de la Nueva España mucho oro en nombre de Su Majestad, y se lo tomaba y encubría; acusábanle que a pesar de todos sus soldados llevó quinto como rey de todas las partes que se habían habido en Méjico; acusábanle que mandó quemar los pies a Guatemuz e a otros caciques por que diesen oro, y también le pusieron por delante la muerte de Catalina Juárez la Marcaida; acusáronle que no dio ni acudió con las partes del oro a sus soldados; acusábanle que hizo palacios y casas muy fuertes y que eran tan grandes como una gran aldea; que hacía traer grandes acipreces y piedra desde lejos tierras; acusáronle que dio ponzoña al Francisco de Garay por le tomar su gente y armada, y pusiéronle otras muchas quejas y acusaciones, tantas, que Su Majestad estaba enojado de oir tantas sinjusticias como dél decían, creyendo que era verdad. Entonces la respuesta que dio el emperador fue que en todo mandaría hacer e haría justicia sobrello, y luego mandó juntar personas de quien Su Majestad tuvo confianza que harían recta justicia, Mercurino Catirinario, y Monsior de Lasao, y el doctor de la Rocha, y Hernando de Vega; y mandaron parescer al Narváez, y al Cristóbal de Tapia, y al piloto Umbría, y al Cárdenas, y a Manuel de Rojas, y a Benito Martín, y a un Velázquez, que eran procuradores del Diego Velázquez, y parescieron por la parte de Cortés su padre, Martín Cortés, y el licenciado Francisco Núñez, y Diego de Ordaz; y mandaron a los procuradores del Diego Velázquez que propusiesen todas sus quejas y demandas y Capítulos contra Cortés, y dan las mismas quejas que dieron ante Su Majestad; a esto respondieron por Cortés sus procuradores, que que a Grijalva no le mandó el Diego Velázquez a poblar, sino a rescatar, e todo lo más que gastó en la armada pusieron los capitanes que traían cargo en los navíos y no el Diego Velázquez; que rescataron veinte mill pesos e que se quedó con todo lo más el Diego Velázquez, y que no dio parte dello a Su Majestad sino lo que quiso, y que le dio indios al mismo obispo en la isla de Cuba, que le sacaban oro, y que a Su Majestad no le dio ningún pueblo; que si envió a Hernando Cortés con otra armada, fue en ventura del emperador, y si otro capitán enviara que le desbarataran, y que cuando le envió el Diego Velázquez no le enviaba a poblar, sino a rescatar, y que si quedó a poblar fue por los requerimientos que los compañeros le hicieron, y que dello se hizo relación a Su Majestad y se le envió todo el oro que se pudo haber; y para todo esto que he dicho mostraron traslados de las cartas que hobimos escrito a Su Majestad y otras grandes probanzas, y la parte del Diego Velázquez no contradijo en cosa ninguna, porque no había en qué. Los caballeros questaban por jueces dijeron que mandasen castigar al Diego Velázquez. Luego mandaron poner silencio al Diego Velázquez del pleito de la gobernación de la Nueva España; y luego declararon por sentencia que Cortés fuese gobernador de la Nueva España, y le dieron poder para repartir la tierra desde allí adelante; en lo de Garay, que lo reservaban para el tiempo andando; y en lo quel Narváez pedía que le tomaron sus provisiones del seno e que fue Alonso de Avila, questaba en aquella sazón preso en Francia, que lo fuese a pedir a Francia; y a los dos pilotos, Umbría y Cárdenas, les mandaron dar cédulas reales para que en la Nueva España les den indios que renten a cada uno mill pesos de oro, y mandaron que todos los conquistadores fuésemos antepuestos y nos diesen buenas encomiendas de indios. Pues ya dada y pronunciada esta sentencia, firmóla Su Majestad.

Capítulo CLXVIII

En lo que Cortés entendió después que le vino la gobernación de la Nueva España, cómo y de qué manera repartió los pueblos de indios, y otras cosas que pasaron

Ya que le vino la gobernación de la Nueva España a Cortés, parésceme a mí y a otros conquistadores y de los antiguos, que lo que había de mirar Cortés, (era) acordarse desde el día que salió de la isla de Cuba y tener atención en todos los trabajos que se vio cuando desembarcamos, qué personas fueron en le favorescer para que fuese capitán general y justicia mayor de la Nueva España, y lo otro, quién fueron los que se hallaron siempre a su lado en todas las guerras. Agora quiero decir lo que hizo Cortés y a quién dio los pueblos: a todos cuantos vinieron de Medellín e otros criados de grandes señores, que le contaban cuentos de cosas que le agradaban, les dio lo mejor de la Nueva España. Acuérdome que cuando había alguna cosa de mucha calidad que repartir, que se traía por refrán, cuando había debates sobrella, que solían decir: "No se lo departir como Cortés", que se tomó todo el oro, y nosotros quedamos pobres en las villas que poblamos con la miseria que nos cayó en parte, y para ir a entradas que le convenían bien se acordaba adónde estábamos y nos enviaba a llamar para las batallas y guerras.

Capítulo CLXIX

Cómo el capitán Hernando Cortés envió a Castilla a Su Majestad ochenta mill pesos en oro y plata, y también envió a su padre, Martín Cortés, sobre cinco mill pesos de oro

Pues como Cortés había recogido y allegado obra de ochenta mill pesos de oro, y la culebrina que se decía "El Fénix", ya era acabada de forjar, y salió muy extremada pieza para presentar a un tan alto emperador como era nuestro gran césar, y decía en un letrero que tenía escrito en la misma culebrina: "Aquesta ave nació sin par, yo en serviros, sin segundo, y vos, sin igual en el mundo", todo lo envió a Su Majestad con Diego de Soto, y no me acuerdo bien si fue en aquella sazón un Juan de Ribera que era una mala herbeta, y llegado a Castilla se alzó con los pesos de oro que le dio Cortés para su padre, Martín Cortés, y porque se lo pidió el Martín Cortés, dijo tantos males, que le daban crédito. Digamos en qué paró el pleito de Martín Cortés con la Ribera sobre los tantos mill pesos que enviaba Cortés, y es que andando en el pleito y pasando el Ribera por la villa del Cadahalso, comió o almorzó unos torreznos, e ansí como los comió, murió súpitamente y sin confesión.

Capítulo CLXX

Cómo vinieron al puerto de la Veracruz doce frailes franciscanos de muy santa vida, y venía por su vicario fray Martín de Valencia, y era tan buen religioso que había fama que hacía milagros

Ya he dicho que habíamos escrito a Su Majestad suplicándole nos enviase religiosos franciscanos de buena y santa vida para que nos ayudasen a la conversión y santa dotrina de los naturales desta tierra para que se volviesen cristianos y les predicasen nuestra santa fe. Y don fray Francisco de los Angeles, que era general de los franciscos, nos envió doce religiosos, y entonces vino con ellos fray Toribio Motolinea, y pusiéronle este nombre los caciques y señores de Méjico, que quiere decir en su lengua el fraile pobre, porque cuanto le daban por Dios lo daba a los indios y se quedaba algunas veces sin comer, y traía unos hábitos muy rotos y andaba descalzo, y siempre les predicaba, y los indios le querían mucho porque era una santa persona. Y viniendo por su camino ya que llegaban cerca de Méjico el mesmo Cortés, acompañado de nuestros valerosos y esforzados soldados, los salimos a rescebir; juntamente fueron con nosotros Guatemuz, el señor de Méjico, con todos los más principales mejicanos que había y otros muchos caciques de otras ciudades.

Capítulo CLXXI

Cómo Cortés escribió a Su Majestad y le envio treinta mill pesos de oro, y cómo estaba entendiendo en la conversión de los naturales e reedificacion de Méjico

Teniendo ya Cortés en si la gobernación de la Nueva España por mandado de Su Majestad, parescióle sería bien hacerle sabidor cómo estaba entendiendo en la santa conversión de los naturales y la reedificación de la gran ciudad de Tenustitlán (Méjico), y también le dio relación cómo había enviado un capitán que se decía Cristóbal de Olí a poblar unas, provincias que se nombran Honduras, y que le dio cinco navíos bien bastecidos e gran copia de soldados e bastimentos, e muchos caballos e tiros, y escopeteros y ballesteros, y todo género de armas, y que gastó muchos millares de pesos de oro en hacer la armada, y Cristóbal de Olí se alzó con todo ello por consejo de Diego Velázquez, y que, si Su Majestad era servido, que tenía determinado de enviar con brevedad otro capitán para que le tome la misma armada y le traiga preso. Y en este navío donde iba el pliego, el contador Albornoz envió otras cartas a Su Majestad, en ellas decía las causas e cosas que de antes había sido acusado Cortés, y decía que Cortés demandaba a todos los caciques de la Nueva España muchos tejuelos de oro, y les mandaba sacar oro de minas, y se quedaba con ello e no lo enviaba a Su Majestad; e que ha hecho unas casas muy fortalescidas, y que ha juntado muchas hijas de grandes señores para las casar con españoles, y se las piden hombres honrados por mujeres, y que no se las da por tenerlas por amigas; y que tiene gran cantidad de barras de oro atesorado. Y estas cartas fueron a manos del obispo de Burgos, y como en aquella sazón estaba en la Corte el Pánfilo de Narváez y Cristóbal de Tapia, y todos los procuradores del Diego Velázquez, les avisó el obispo para que nuevamente se quejasen ante Su Majestad de Cortés, de todo lo que antes hobieren dado relación, y dijesen que los jueces que puso Su Majestad que se mostraron por la parte de Cortés por dádivas que les dio. Pues viendo Su Majestad las cartas y las palabras y quejas quel Narváez decía muy entonado, creyó que eran verdaderas, y mandó que despachasen al almirante de Santo Domingo que viniese a costa de Cortés con docientos soldados, y si le hallase culpado le cortase la cabeza. Y ya que se andaba apercibiendo el almirante para venir, alcanzáronlo a saber los procuradores de Cortés y su padre, Martín Cortés, y un fraile que se decía fray Pedro Melgarejo de Urrea, y como tenían las cartas que les envio Cortés duplicadas y entendieron por ellas que había trato doble en el contador Albornoz, todos juntos se fueron luego al duque de Béjar y le dan relación de todo, y le mostraron las cartas de Cortés. Y el duque, sin más dilación fue delante de Su Majestad, acompañado con ciertos condes deudos suyos, y con ellos iba el viejo Martín Cortés, y fray Pedro Melgarejo de Urrea, y le mostraron las cartas que Cortés enviaba a su padre. Y viendo Su Majestad la justicia clara que Cortés y todos nosotros teníamos, mandó proveer que le viniese a tomar residencia persona que fuese caballero, y mandó llamar a Luis Ponce, le mandó que fuese luego a la Nueva España y le tomase residencia a Cortés, y que si en algo fuese culpante de lo que le acusaban, que con rigor de justicia le castigase.

Capítulo CLXXII

Cómo sabiendo Cortés que Cristóbal de Olí se había alzado con la armada y había hecho compañía con Diego Velázquez, gobernador de Cuba, envió contra él a un capitán que se decía Francisco de las Casas, y lo que le sucedió diré adelante

Ya he dicho cómo Cristóbal de Olí se alzó con favor (de) Velázquez, gobernador de Cuba, por lo que Cortés acordó de enviar a Francisco de las Casas contra el Cristóbal de Olí con cinco navíos bien artillados y bastecidos y cient soldados, y entrellos iban Pedro Moreno Medrano, y un Juan Núñez de Mercado, y un Juan Bello, que se murieron en el camino. Y desque el Cristóbal de Olí vio aquellos navíos, mandó apercebir dos carabelas muy artilladas con muchos soldados y le defendió el puerto para no les dejar saltar en tierra. Y tuvieron en la mar buena pelea. Y como el Cristóbal de Olí no tenía allí todos sus soldados, porque los había enviado a prender otro capitán questaba conquistando en aquella provincia, acordó el Cristóbal de Olí de demandar partido de paz al Francisco de las Casas. Pues estando con este acuerdo, fue la ventura tal del Cristóbal de Olí, y desdicha del de las Casas, que hobo aquella noche un viento Norte muy recio que dio con los navíos del Francisco de las Casas al través en tierra, de manera que se perdió cuanto traía y se ahogaron treinta soldados, y todos los demás fueron presos. Y el Cristóbal de Olí les hizo jurar que serían contra Cortés si viniese aquella tierra en persona. Pero un día, estando cenando, y habiendo alzado los manteles, y estando platicando Cristóbal de Olí, el Francisco de las Casas le echó mano de las barbas y le dio por la garganta con el cuchillo. Como era muy recio y membrudo, se escabulló, y se fue huyendo a esconder entre unos matorrales. Y luego se supo dónde estaba, y le prendieron, y se hizo proceso contra él, y le degollaron en la plaza de Naco.

Capítulo CLXXIII

Cómo Hernando Cortés salió de Méjico para ir camino de las higueras en busca de Cristóbal de Olí y de Francisco de las Casas

Como el capitán Hernando Cortés había pocos meses que había enviado al Francisco de las Casas contra el Cristóbal de Olí, parecióle que por ventura no habría buen suceso la armada que había enviado, y también porque le decían que aquella tierra era rica de minas de oro; y a esta causa estaba muy codicioso. Y acordó de ir, y dejó en Méjico por gobernadores al tesorero Alonso de Estrada y al contador Albornoz. Y por que quedase más pacífico, trujo consigo al mayor señor de Méjico, que se decía Guatemuz, y también al señor de Tacuba, y a un Juan Velázquez, capitán del mismo Guatemuz, y a otros muchos principales. Ya questaban de partida para venir su viaje, viendo el factor Salazar y el veedor Chirinos, que quedaban en Méjico, que no les dejaba Cortés cargo ninguno, le dijeron que le querían venir a servir y acompañarle hasta Guazacualco. Y decían tantas cosas melosas que le convencieron para que le diesen poder a el fator e a Chirinos, veedor, para que fuesen gobernadores. Entonces se despidieron el fator y el veedor de Cortés para se volver a Méjico.

Capítulo CLXXIV

De lo que Cortés ordenó después que se volvió el fator y veedor a Méjico, y del trabajo que llevamos en el largo caminoe

Después de despedidos el fator y veedor a Méjico, lo primero que mandó Cortés fue escrebir a la Villa Rica a un su mayordomo que se decía Simón de Cuenca, que cargasen dos navíos que fuesen de poco porte de biscocho de maíz, que en aquella sazón no se cogía pan de trigo en Méjico, y seis pipas de vino, y aceite, y venagre, y tocinos, y herraje, y otras cosas de bastimento. Y quél le escribiría y le haría saber dónde había de aportar. Y luego mandó que todos los vecinos de Guazacualco fuésemos con él, que no quedaron sino los dolientes. Cuando llegamos a Tepetitán, le hallamos despoblado y quemadas las casas. Y desde allí fuimos a otro pueblo que se dice lztapa, y de miedo se fueron los indios. Y estuvimos en este pueblo tres días, porque había buena yerba para los caballos y mucho maíz. En este pueblo de lztapa se informó Cortés de los caciques y mercaderes de los naturales del mesmo pueblo el camino que habíamos de llevar, y le dijeron que todo lo demás de nuestro camino había muchos ríos y esteros, y para llegar a otro pueblo que se dice Temaztepeque había otros tres ríos y un gran estero, y que habíamos destar en el camino tres jornadas. Y con maíz tostado y otras legumbres hicimos mochila para los tres días, creyendo que era como lo decían. Y por echarnos de sus casas dijeron que no había más jornada, y había siete jornadas, y no teníamos qué comer sino yerbas y unas raíces de unas que llaman en esta tierra quequexque montesinas, con las cuales se nos abrasaron las lenguas y bocas.

Capítulo CLXXV

Cómo hobimos llegado al pueblo de Ziguatepecad, y cómo envió por capitán a Francisco de Medina para que, topando a Simón de Cuenca, viniese con los dos navíos

Como hobimos llegado a este pueblo que dicho tengo, Cortés halagó mucho a los caciques y principales y les dio buenos chalchivis de Méjico, y se informó a qué parte salía un río muy caudaloso y recio que junto aquel pueblo pasaba; y le dijeron que iba a dar en unos esteros donde había una poblazón que se dice Gueyatasta, y que junto a él estaba otro gran pueblo que sé dice Xicalango. Parescióle a Cortés que sería bien luego enviar dos españoles en canoas para que saliesen a la costa del Norte y supiesen del capitán

Simón de Cuenca, que eran Francisco de Medina, y diole poder para ser capitán, juntamente con el Simón de Cuenca, a causa queste Medina era muy diligente y tenía lengua de toda la tierra, y éste fue el soldado que hizo levantar el pueblo de Chamula cuando fuimos con el capitán Luis Marín a la conquista de Chiapa; y valiera más que tal poder nunca le diera Cortés, por lo que adelante acaesció, y es que fue por el río abajo hasta que llegó a donde el Simón de Cuenca estaba con sus dos navíos, en lo de Xicalango, esperando nuevas de Cortés, y después de dadas las cartas de Cortés, presentó sus provisiones para ser capitán, y sobre el mandar tuvieron palabras entrambos capitanes, de manera que vinieron a las armas y de la parte del uno y del otro murieron todos los españoles que iban en el navío, que no quedaron sino seis o siete. Y desque vieron los indios de Xicalango y Gueyatasta aquella revuelta, dan en ellos y acabáronlos de matar a todos e queman los navíos, que nunca supimos cosa ninguna dellos hasta de ahí a dos años e medio.

Capítulo CLXXVI

En lo que Cortés entendió después de llegado a Acala, y cómo en otro pueblo más adelante, sujeto al mismo Acala, mandó ahorcar a Guatemuz, gran cacique de Méjico, y a otro cacique, señor de Tacuba, y la causa por qué, y otras cosas que pasaron

Y desque Cortés hobo llegado a Gueyacala, que ansi se llamaba, y los caciques de aquel pueblo le vinieron de paz, y les habló con doña Marina, se holgaban, y Cortés les daba cosas de Castilla, y trujeron maíz y bastimento, y luego mandó llamar todos los caciques y se informó dellos del camino que habíamos de llevar, y les preguntó que si sabían de otros hombres como nosotros, con barbas y caballos, y si habían visto navíos ir por la mar, y dijeron que ocho jornadas de allí había muchos hombres con barbas, y mujeres de Castilla, de la cual nueva se holgó Cortés de saber, y preguntando por los pueblos y camino por donde habíamos de pasar, todo se lo trujeron figurado en unas mantas, y aun los ríos y ciénegas y atolladeros. Y dende a cuatro días, se huyeron todos los más caciques, que no quedaron sino tres guías, con los cuales fuimos nuestro camino. Y digamos cómo Guatemuz, gran cacique de Méjico, y otros principales mejicanos que iban con nosotros habían puesto en pláticas, o lo ordenaban, de nos matar a todos y volverse a Méjico, y, llegados a su ciudad, juntar sus grandes poderes y dar guerra a los que en Méjico quedaban, y tornarse a levantar. Y quien lo descubrió a Cortés fueron dos grandes caciques, que se decían Tapia e Juan Velázquez. E como Cortés lo alcanzó a saber, hizo informaciones sobrello, no solamente de los dos que lo descubrieron, sino de otros caciques que eran en ello. El Guatemuz confesó que ansi era como lo habían dicho los demás; empero, que nunca tuvo pensamiento de salir con ello, sino solamente la plática que hubo. Y el cacique de Tacuba dijo que entrél y Guatemuz habían dicho que valía más morir de una vez que morir cada día en el camino, viendo la gran hambre que pasaban sus mazeguales y parientes. Y sin haber más probanzas, Cortés mandó ahorcar al Guatemuz y al señor de Tacuba, que era su primo. Y cuando le ahorcaban, dijo el Guatemuz: "¡Oh Malinche: días había que yo tenía entendido questa muerte me habías de dar e había conoscido tus falsas palabras, porque me matas sin justicia! Dios te la demande, pues yo no me la di cuando te me entregaste en mi ciudad de Méjico". El señor de Tacuba dijo que daba por bien empleada su muerte por morir junto con su señor Guatemuz. E verdaderamente yo tuve gran lástima de Guatemuz y de su primo, por habelles conoscido tan grandes señores, y aun ellos me hacían honra en el camino en cosas que se me ofrescían, especial darme algunos indios para traer yerba para mi caballo. E fue esta muerte que les dieron muy injustamente, e paresció mal a todos los que íbamos. Y después que los hobieron ahorcado, fuimos camino de otro poblezuelo, y hallamos ocho indios que eran sacerdotes de ídolos, y de buena voluntad se vinieron a su pueblo con nosotros. Y Cortés les habló que no hobiesen miedo, e que trajesen de comer, y trajeron veinte cargas de maíz e unas gallinas. Y Cortés se informó de ellos que si sabían qué tantos soles de allí estaban los hombres con barbas como nosotros. Y dijeron que siete soles. Como Cortés andaba mal dispuesto y aun muy pensativo e descontento del trabajoso camino que llevábamos, e como había mandado ahorcar a Guatemuz e a su primo el señor de Tacuba, e había cada día hambre, paresció ser que de noche no reposaba de pensar en ello. E otro día muy de mañana comenzamos a caminar y allegamos a un pueblo nuevo, que dijeron que se decían lacandones, y que les han quemado y destruido los dos pueblos a donde vivían y les han robado y muerto mucha gente. Y Cortés dijo que le pesaba dello y de su guerra, y por ir de camino no lo podía remediar. Llamábase aquel pueblo e otras grandes poblazones por donde otro día pasamos los Mazatecas, que quiere decir en su lengua los pueblos o tierras de venados.

Capítulo CLXXVII

Cómo seguimos nuestro viaje, y lo que en él nos avino

Como salimos del Pueblo Cercado, que ansí le llamábamos desde allí adelante, entramos en un bueno y llano camino, y había tantos de venados y corrían tan poco, que luego los alcanzábamos a caballo, por poco que corríamos con los caballos tras ellos, y se mataron sobre veinte. E yendo por nuestras jornadas, como Cortés siempre enviaba adelante corredores del campo a caballo y sueltos peones, alcanzaron dos indios naturales de otro pueblo questaba adelante, que venían de caza y cargados un gran león y muchas iguanas, que son hechura de sierpes chichas, que en estas partes ansí las llaman, que son muy buenas de comer; y les preguntaron que si estaba cerca su pueblo, y dijeron que sí, y que ellos guiarían hasta el pueblo. Y hallamos en él un gran lago de agua dulce, y tan lleno de pescados grandes que parescían como sábalos, muy desabridos. Y llegado a las casas, le dieron de comer, y le dijeron que había españoles ansí como nosotros en dos pueblos, que el uno que se decía Nito, y el Naco, en la tierra adentro. Y Cortés nos dijo que por ventura Cristóbal de Olí habría repartido su gente en dos villas, que entonces no sabíamos de los de Gil González de Ávila, que pobló a San Gil de Buena Vista.

Capítulo CLXXVIII

Cómo Cortés entró en la villa a donde estaban poblados los de Gil González de Ávila, y de la gran alegría que todos los vecinos hobieron, y lo que Cortés ordenó

Desque hobo pasado Cortés el gran río del Golfo Dulce de la manera que dicho tengo, fue a la villa a donde estaban poblados los españoles y Gil González de Ávila, que sería de allí dos leguas, questaban junto a la mar. Y desque vieron entre sus casas a un hombre a caballo y otros seis a pie, se espantaron en gran manera. Y desque supieron que era Cortés, que tan mentado era en todas partes de las Indias y de Castilla, no sabían qué hacer de placer, y Cortés les habló muy amorosamente y mandó al teniente, que se decía Nieto, fuese donde daban carena al navío y trujesen dos bateles que tenían. Y mandó que se buscase todo el pan cazabi que allí tenían y lo llevasen al capitán Sandoval, que otro pan de maíz no había, para que comiese y repartiese entre todos nosotros los de su ejército. Quiero decir de la gran hambre que allí en el pasar del río hobo. Pues desque hobimos llegado al pueblo, no había bocado de cazabe que comer, ni aun los vecinos lo tenían, ni sabían caminos, si no era de dos pueblos que allí cerca solían estar, que se habían ya despoblado.

Capítulo CLXXIX

Cómo otro día, después de haber llegado aquella villa, fuimos con el capitán Luis Marín hasta ochenta soldados, todos a pie, a buscar maíz y descubrir la tierra

Ya he dicho que como llegamos aquella villa que Gil González de Ávila tenía poblada no tenía que comer, y eran hasta cuarenta hombres y cuatro mujeres de Castilla y dos mulatas; y todos dolientes y las colores muy amarillas. Y como no teníamos que comer nosotros ni ellos, no víamos la hora que illo a buscar. Y Cortes mandó que saliese el capitán Luis Marín y buscásemos maíz. Y fuimos con él sobre ochenta soldados, a pie, hasta ver si había caminos para caballos. Y llevábamos con nosotros un indio de Cuba que nos fuese guiando a unas estancias y pueblos questaban de allí ocho leguas, donde hallamos mucho maíz e infinitos cacahuatales, y frijoles, y otras legumbres, donde tuvimos bien qué comer.

Capítulo CLXXX

Cómo Cortés se embarcó con todos los soldados, cuantos soldados había traído en su compañía y los que hablan quedado en San Gil de Buena Vista, y fue a poblar a donde ahora llaman puerto de Caballos, y le puso nombre La Natividad, y lo que ende hizo

Pues como Cortés vio que en aquel asiento que halló poblados a los de Gil González de Ávila no era bueno, acordó de se embarcar en los dos navíos y bergantín con todos cuantos en aquella villa estaban, que no quedó ninguno, y en ocho días de navegación fue a desembarcar a donde agora llaman Puerto de Caballos. Y como vio aquella bahía buena para puerto y supo de indios que había cerca poblazones, acordó de poblar una villa, que la nombró Natividad, y puso por su teniente a un Diego de Godoy. Y desde allí hizo dos entradas en la tierra adentro, a unos pueblos cercanos que agora están despoblados, y tomó lengua dellos cómo había cerca otros pueblos, y abasteció la villa de maíz. Hay en este pueblo la mejor agua que habíamos visto en la Nueva España, y un árbol que en mitad de la siesta, por recio sol que hiciese, parescía que la sombra del árbol refrescaba el corazón. Y este pueblo en aquella sazón fue muy poblado y en buen asiento, y había fruta de zapotes colorados y de los chicos, y estaba en comarca de otros pueblos.

Capítulo CLXXXI

Cómo el capitán Gonzalo de Sandoval comenzó a pacificar la provincia de Naco, y lo que más hizo

Llegamos al pueblo de Naco y recogimos maíz, frijoles y aji, y con tres principales de aquel pueblo que allí en los maizales prendimos, los cuales Sandoval halagó y dio cuentas de Castilla y les rogó que fuesen a llamar a los demás caciques, y fueron ansí como se lo mandó; mas no pudo con ellos que se poblase el pueblo, salvo traer de cuando en cuando poca comida, ni nos hicieron bien ni mal, ni nosotros a ellos. Y ansí estuvimos los primeros días. Y Cortés había escrito al Sandoval que le enviase a Puerto de Caballos diez soldados de los de Guazacualco, entrellos era yo uno, y en aquella sazón estaba algo malo y dije a Sandoval que me excusase, ansi quedé. Y envió ocho soldados, y aun fueron de tan mala voluntad, que renegaban de Cortés y aun de su viaje. Cortés se quería embarcar para ir a Trujillo, y dejó en aquella villa del Puerto de Caballos a un Diego de Godoy por su capitán. Y dejallo he aquí en este estado, y volveré a Naco. Que como Sandoval había visto que no querían venir a poblar el pueblo los indios vecinos y naturales de Naco, y aunque los enviaba a llamar muchas veces no venían ni hacían cuenta de nosotros, acordó de ir en persona hacer de manera que viniesen.

Capítulo CLXXXII

Cómo Cortés desembarcó en el puerto de Trujillo, y cómo todos los vecinos de aquella villa lo salieron a rescibir y se holgaron mucho con él, y lo que allí hizo

Como Cortes hubo embarcado en el Puerto de Caballos, llevó en su compañía muchos soldados de los que trujo de Méjico y los que le envió Gonzalo de Sandoval, y en seis días llegó al puerto de Trujillo. Y desque los vecinos que allí vivían, que dejó poblados Francisco de las Casas, supieron que era Cortés, todos fueron a lo rescebir y le besar las manos, porque muchos de ellos eran bandoleros y fueron en dar consejo a Cristóbal de Olí para que se alzase, y como se hallaban culpantes suplicaron a Cortés que les perdonase. Y Cortes les perdonó, y le dieron cuenta de todo lo acaescido del Francisco de las Casas y del Gil González de Ávila, y por qué causa degollaron al Cristóbal de Olí. Y desque Cortés bien lo hobo entendido a todos les honró de palabra y con dejalles los cargos según y de la manera que los tenían, eceto que hizo capitán general de aquellas provincias a su primo Sayavedra, que ansi se llamaba, lo cual tuvieron por bien, y luego envió a llamar a todos los pueblos comarcanos. Y como tuvieron nueva queera el capitán Malinche, que ansí le llamaban, y sabían que había conquistado a Méjico, le trujeron presentes de bastimentos. Y él se quedó en aquella provincia pacificándola.

Capítulo CLXXXIII

Cómo el capitán Gonzalo de Sandoval, questaba en Naco, prendió a cuarenta soldados españoles y a su capitán, que venían de la provincia de Nicaragua y hacían mucho daño y robos a los indios de los pueblos por donde pasaban

Estando Sandoval en el pueblo de Naco atrayendo de paz todos los más pueblos de aquella comarca, vinieron antél cuatro caciques de dos pueblos que se dicen Quespán y Talchinalchapa, y dijeron questaban en sus pueblos muchos españoles, de la manera de los que con él estábamos, con armas y caballos, y que les tomaban sus haciendas e hijas y mujeres, y que las echaban en cadenas de hierro; de lo cual hobo gran enojo el Sandoval. Y luego nos mandó apercibir, y fuimos con él setenta hombres. Y llegados a los pueblos donde estaban, (los) hallamos muy de reposo, y desque nos vieron ir de aquella manera se alborotaron y echaron mano a las armas, y de presto prendimos al capitán y a otros muchos dellos sin que hobiese sangre de una parte ni de otra. Y nos fuimos a Trujillo todo a pie; y antes de entrar en él, vimos a unos cinco de a caballo, y era Cortes y otros caballeros a caballo; y cuando nos conoció Cortés se apeó del caballo y con las lágrimas en los ojos nos vino abrazar, y nosotros a él, y nos dijo: "¡Oh hermanos y compañeros míos, qué deseo tenía de veros y saber qué tales estábades!". Y estaba flaco que hobimos mancilla de le ver, y dijeron otras personas questaba ya tan a punto de muerte. Y luego a pie se fue con todos nosotros a la villa y nos aposentó y cenamos con él; y tenía tanta pobreza, que aun de cazabe no nos hartamos.

Capítulo CLXXXIV

Cómo el licenciado Zuazo envió una carta desde La Habana a Cortés, y lo que en ella se contenía es lo que agora diré

Pues estando que estábamos con Cortés, vieron venir en alta mar un navío a la vela, y un hidalgo que venía por capitán dél desque saltó en tierra fue a besar las manos a Cortés y le dio una carta del licenciado Zuazo, que hobo dejado en México por alcalde mayor. Y desque Cortés la hobo leído tomó tanta tristeza que luego se metió en su aposento y comenzó a sollozar y no salió de donde estaba hasta otro día por la mañana, y mandó que se dijesen misas. Habían echado fama que todos éramos muertos, y nos habían tomado nuestras haciendas y las habían vendido en almonedas y quitado nuestros indios y repartidos en otros españoles sin tener méritos, y comenzó a leer la carta, y decía así lo primero que leyó: las nuevas que vinieron de Castilla de su padre, Martin Cortes, e Ordaz, y cómo el contador Albornoz le había sido contrario en las cartas quescribió a Su Majestad y al obispo de Burgos y a la Audiencia Real, y lo que Su Majestad sobrello había mandado; y cómo el duque de Béjar quedó por fiador, y otras cosas que ya las he memorado en el Capítulo que dello habla; y cómo al capitán Narváez le dieron una conquista del río de Palmas, y que a un Nuño de Guzman le dieron la gobernacion de Pánuco, y que como Cortés hobo dado en Guazacualco los poderes y provisiones al fator Gonzalo de Salazar y a Pedro Almirez Chirinos para ser gobernadores de Méjico, ansí como llegaron a Mejico echaron presos a los contrarios, y cada día había cochilladas y revueltas. Y desque Cortés hobo leído la carta, estábamos tan tristes y enojados ansí del Cortés que nos trujo con tantos trabajos, como del fator, y echábamos dos mill maldiciones. Pues Cortes no pudo tener las lágrimas, que con la misma carta se fue luego a encerrar a su aposento, y no quiso que le viésemos hasta más de medio día. Y todos nosotros a una le dijimos y rogamos que luego se embarcase en tres navíos que allí estaban y que nos fuésemos a la Nueva España. Y él nos respondió que se embarcaría solamente con cuatro o cinco de nosotros para ir en secreto; y que los demás nos juntáramos con Sandoval y nos fuéramos camino de Méjico.

Capítulo CLXXXV

Cómo fueron en posta desde Nicaragua ciertos amigos del Pedrarias de Ávila a hacelle saber cómo Francisco Hernández, que envió por capitán a Nicaragua, se carteaba con Cortés y se le había alzado con las provincias, y lo que sobrello Pedrarias hizo

Como un soldado que se decía Fulano Garabito, y un Campañón, y otro que se decía Zamorano eran íntimos amigos de Pedrarias de Ávila, gobernador de Tierra Firme, vieron que Cortés había enviado presentes al Francisco Hernández y habían entendido que Pedro de Garro y otros soldados hablaban secretamente con el Francisco Hernández, tuvieron sospecha que quería dar aquellas provincias e tierras a Cortés, y demás desto el Garabito era enemigo de Cortés, porque siendo mancebos en la isla de Santo Domingo el Cortés le había acuchillado sobre amores de una mujer. Y como el Pedrarias de Ávila lo alcanzó a saber por cartas y mensajeros, viene más que de paso con gran copia de soldados a pie y a caballo y prende al Francisco Hernández, y el Pedro de Garro como alcanzó a saber quel Pedrarias venía muy enojado contra él, de presto se huyó y se vino con nosotros, y si el Francisco Hernández quisiera venir, tiempo tuvo para hacer lo mismo, y no quiso, creyendo quel Pedrarias lo hiciera de otra manera con él, porque habían sido muy grandes amigos. Y después quel Pedrarias hubo hecho proceso contra el Francisco Hernández y halló que se alzaba, por sentencia le degolló en la misma villa donde estaba poblado. Y en esto paró la venida del Garro y los presentes de Cortés. Y dejallo he aquí, y diré como Cortés volvió al puerto de Trujillo con tormenta.

Capítulo CLXXXVI

Cómo yendo Cortés por la mar la derrota de Méjico tuvo tormenta y dos veces tornó arribar al puerto de Trujillo, y lo que allí le avino

Cortés se embarcó en Trujillo para ir a Méjico, y paresció ser tuvo tormenta en la mar, unas veces con tiempo contrario, otras veces se le quebró el mástel del trinquete y mandó arribar a Trujillo. Y como estaba flaco y mal dispuesto y quebrantado de la mar y muy temeroso de ir a la Nueva España por temor no le prendiese el fator, paresciόle que no era bien ir en aquella sazón a Méjico y desembarca en Trujillo; mandó decir misas al Espíritu Santo. Y paresció ser el Espíritu Santo le alumbró de no ir entonces aquel viaje, sino que conquistase y poblase aquellas tierras. Y luego sin más dilación envía en posta a tres mensajeros tras nosotros, que íbamos camino con sus cartas, y rogándonos que no pasásemos más adelante, que conquistásemos y poblásemos la tierra. Y desque vimos la carta y de que tan de hecho lo mandaba, no lo pudimos sufrir y le echábamos mill maldiciones. Y demás desto, dijimos todos a una al capitán Sandoval que si Cortés quería poblar, que se quedase con los que quisiese, que hartos conquistados y perdidos nos traía, y que jurábamos de no le aguardar más, sino irnos a las tierras de Méjico que ganamos, y ansimismo el Sandoval era de nuestro parescer, y lo que con nosotros pudo acabar fue que le escribiésemos en posta con los mismos que nos trujeron las cartas dándole a entender nuestra voluntad, y en pocos días rescibió nuestras cartas con firmas de todos; y las respuestas que ellas nos dio fue que en Castilla y en todas partes había soldados. Y desque aquella respuesta vimos, todos nos queríamos ir camino de Méjico e perderle la vergüenza. Y desque aquello vio el Sandoval, muy afectuosamente y con grandes ruegos nos importunó que aguardásemos algunos días, que el en persona iría a hacer embarcar a Cortés.

Capítulo CLXXXVII

Cómo Cortés envió un navío a la Nueva España y por capitán de él a un criado suyo que se decía Martin de Orantes, y con cartas y poderes para que gobernasen Francisco de las Casas y Pedro de Alvarado, si allí estuviesen, y si no el Alonso Destrada y el Albornoz

Pues como Gonzalo de Sandoval no pudo acabar que Cortés se embarcase, sino que todavía quería conquistar y poblar aquella tierra, que en aquella sazón era bien poblada y había fama de minas de oro, fue acordado que luego sin más dilación enviase con un navío a Méjico a un criado suyo, que se decía Martín de Orantes, que llevó poderes para Pedro de Alvarado y Francisco de las Casas, si hobiesen vuelto a Méjico, para que fuesen gobernadores de la Nueva España hasta que Cortés fuese, y si no estaban en Méjico, que gobernasen el tesorero Alonso de Estrada y el contador Albornoz, y revocó los poderes del fator y veedor, y también escribió a todos sus amigos los conquistadores e a los monasterios de San Francisco e frailes. Pues ya dado uno de los mejores navíos de los tres que allí estaban, en pocos días llegaron a la Nueva España; y Orantes se fue al monasterio de señor San Francisco, donde halló a Jorge de Alvarado, y Andrés de Tapia, y a Juan Núñez de Mercado, e a Pedro Moreno Medrano, y a otros muchos conquistadores y amigos de Cortés. Y desque vieron al de Orantes y supieron que Cortés era vivo y vieron sus cartas no podían estar de placer los unos y los otros, e saltaban y bailaban, y acordaron prender al fator; y le pusieron guardas hasta que hicieron una red de maderos gruesos y le metieron dentro, y allí le daban de comer; y en esto paró la cosa de su gobernación. Y luego hicieron mensajeros a todas las villas de la Nueva España dando relación de todo lo acaescido.

Capítulo CLXXXVIII

Cómo el tesorero con otros muchos caballeros rogaron a los frailes franciscos que enviasen a un fray Diego Altamirano, que era deudo de Cortés, que fuese en un navío a Trujillo y lo hiciese venir, y lo que ello subcedió

Como el tesorero y otros caballeros de la parte de Cortés vieron que convenía que luego viniese Cortés a la Nueva España, acordaron de ir a rogar a los frailes franciscos que diesen licencia a fray Diego Altamirano que fuese a Trujillo y que hiciese venir a Cortés, porque aqueste religioso era su pariente. Pareció ser que el contador andaba muy doblado y de mala voluntad, y viendo que las cosas de Cortés se hacían prósperamente, tenía concertado de soltar al fator y veedor y matar al tesorero y a los carceleros. Y para ponello en efeto hablaron muy secretamente a un cerrajero que se decia Guzmán, y le dijeron que les hiciese unas llaves para abrir las puertas de la cárcel. Y el cerrajero comenzó a forjar unas llaves no para que las hiciese perfectas ni podrían abrir con ellas, y esto hacía adrede, por que fuesen a su tienda para que las hiciese buenas, y entretanto saber más el concierto questaba hecho. Y venido el día que había de ir con sus llaves que había hecho buenas, envía secretamente apercebir todos los del bando de Cortés, y van a la casa adonde estaban recogidos los que habían de soltar al fator, y de presto prenden hasta veinte hombres dellos questaban armados.

Capítulo CLXXXIX

Cómo Cortés se embarcó en La Habana para ir a la Nueva España, y con buen tiempo llegó a la Veracruz, y de las alegrías que todos hicieron con su venida

Como Cortés hobo descansado en la Habana cinco días, no vía la hora questaría en Méjico. Y desque supieron todos los indios de la redonda que Cortés estaba vivo, tráenle presentes de oro y mantas y cacao y gallinas y frutas. Y desque llegó a Tezcuco le hicieron un gran rescibimiento, y durmió allí aquella noche, y otro día de mañana fue camino de Méjico. Y en todo el día todo era bailes y danzas. Y desque Cortés hobo descansado, luego mandó prender a los bandoleros y comenzó a hacer pesquisas sobre los tratos del fator y veedor.

Capítulo CXC

Cómo en este instante llegó al puerto de San Juan de Ulúa, con tres navíos, el licenciado Luis Ponce de León, que vino a tomar residencia a Cortés, y lo que sobre ello pasó

Hay necesidad de volver algo atrás para que bien se entienda lo que agora diré. Ya he dicho que Su Majestad proveyó que viniese un hidalgo que se decía el licenciado Luis Ponce de León, y le mandó que le viniese a tomar residencia a Cortés, y si le hallase culpado, que le castigase. Al saberlo, se admiró Cortés porque tan de repente le tomaba su venida. Como algunos vecinos de aquella villa que eran enemigos de Cortés, le dijeron al Luis Ponce que Cortes quería hacer justicia del fator y veedor antes que fuese a Méjico el licenciado, y que mirase bien por su persona, que no se fiase de sus palabras e ofertas; y le dijeron otras muchas cosas de males que decían había hecho Cortés. Y como llegó a la ciudad, el licenciado iba admirado de la gran fortaleza que en ella había y de las muchas ciudades y poblazones que había visto en la laguna. Diré que otro día fueron a la iglesia mayor, y después de dicha misa el Luis Ponce presentó sus reales provisiones, y Cortés con mucho acato las besó, y el licenciado dijo a Cortés: "Señor capitán: Esta gobernación de vuestra merced me manda Su Majestad que tome para mi, no porque deja de ser merecedor de otros muchos y mayores cargos; mas hemos de hacer lo que nuestro rey y señor nos manda". Y Cortés con mucho acato le dio gracias por ello; dijo quél está presto para lo que en servicio de Su Majestad le fuere mandado.

Capítulo CXCI

Cómo el licenciado Luis Ponce, después que hobo presentado las reales provisiones y fue obedescido, mandó pregonar residencia contra Cortés y los que habian tenido cargos de justicia, y cómo cayó malo de mal de modorra y dello fallesció, y lo que más avino

Después que hobo presentado las reales provisiones y con mucho acato de Cortés y el cabildo y los demás conquistadores obedescido, mandó pregonar residencia general contra Cortés y contra los que habían tenido cargo de justicia y habían sido capitanes. Y desque muchas personas que no estaban bien con Cortés, y otros que tenían justicia sobre lo que pedían, qué priesa se daban de dar quejas de Cortés y de presentar testigos, que en toda la ciudad andaban pleitos, y las demandas que le ponían. Que luego que se comenzó a tomar la residencia quiso Nuestro Señor Jesucristo que por nuestros pecados y desdicha que cayó malo de modorra el licenciado Luis Ponce, y fue desta manera: que viniendo del monasterio de señor San Francisco de oír misa, le dio una muy recia calentura y echóse en la cama, y estuvo cuatro días amodorrido sin tener el sentido que convenía; y desque aquello vieron los médicos que le curaban, les paresció que era bien que se confesase e hiciera testamento y dejó por su teniente de gobernador al licenciado Marcos de Aguilar, que todas las cosas de pleitos, y debates, y residencias, y la provisión del fator y veedor se estuviese en el estado que lo dejaba hasta que Su Majestad fuese sabidor de lo que pasaba; e ya hecho su testamento y ordenado su ánima, al noveno día desque cayó malo dio el ánimo a Nuestro Señor Jesucristo. Pues como fue muerto y enterrado de la manera que dicho tengo, oí el murmurar que en Méjico había de las personas questaban mal con Cortés y con Sandoval, que dijeron y afirmaron que le dieron ponzoña con que murió.

Capítulo CXCII

Como desque murió el licenciado Luis Ponce de León comenzó a gobernar el licenciado Marcos de Aguilar, y las contiendas que sobrello hobo, y cómo el capitán Luis Marín, con todos los que venimos en su compañia, topamos con Pedro de Alvarado que andaba en busca de Cortés, y nos alegramos los unos con los otros porque estaba la tierra de guerra y no poder pasar sin tanto peligro

Pues como Marcos de Aguilar tomó la gobernación de la Nueva España, segun que lo había dejado en el testamento Luis Ponce, muchas personas de las que estaban mal con Cortés y con todos sus amigos y los más conquistadores quisieran que la residencia fuera adelante como la había comenzado a tomar el licenciado Luis Ponce de León, y Cortés dijo que no se podia entender en ella, conforme al testamento de Luis Ponce de León; mas que si quería tomársela el Marcos de Aguilar, que fuese mucho en buena hora. Quiero volver muy atrás de lo de mi relación, e diré quel capitán Luis Marín había quedado con toda su gente en Naco esperando respuesta de Sandoval para saber si Cortés era embarcado o no. Ya he dicho cómo Sandoval se partió de nosotros para ir hacer embarcar a Cortés que fuese a la Nueva España, e que nos escribiría de lo que sucediese para que nos fuésemos con Luis Marín camino de Méjico. Y puesto que no tuvimos respuesta, y fue acordado por Luis Marín y por todos los que con él veníamos que con brevedad fuésemos diez soldados a caballo hasta Trujillo a saber de Cortés. E yendo por nuestras jornadas tiramos a un pueblo que se dice de Maníani, y hallamos en él a seis soldados que eran de la compañía de Pedro de Alvarado, que andaban en nuestra busca. Cuando todos llegamos a un pueblo que se dice Chalco, salió Cortés con muchos caballeros y el cabildo a nos rescibir; y antes de ir a parte ninguno, ansí como veníamos, fuimos a la iglesia mayor a dar gracias a Nuestro Señor Jesucristo que nos volvió aquella ciudad; y desde la iglesia Cortés nos llevó a sus palacios, donde nos tenían aparejada una solene comida, y muy servida.

Capítulo CXCIII

Cómo Marcos de Aguilar fallesció y dejó en el testamento que gobernase el tesorero Alonso de Estrada, y que no entendiese en pleitos del fator ni veedor, ni dar ni quitar indios hasta que Su Majestad mandase lo que más en ello fuese él servido, según de la manera que le dejó el poder Luis Ponce de León

Teniendo en sí la gobernación Marcos de Aguilar, y estaba muy ético y doliente de bubas, se sostuvo cerca de ocho meses, y de aquellas dolencias y calenturas que le dio fallesció, y en el testamento que hizo mandó que sólo gobernase el tesorero Alonso de Estrada, ni más ni menos que tuvo el poder de Luis Ponce de León. Y viendo el cabildo de Méjico y otros procuradores de ciertas ciudades que en aquella sazón se hallaron en Méjico quel Alonso de Estrada no podía gobernar tan bien como convenía, suplicaron al tesorero que juntamente con él gobernase Cortés, y el tesorero no quiso, e otras personas dijeron que Cortés no lo quiso acetar, porque hobo murmuraciones que tenían sospecha que la muerte de Marcos de Aguilar que Cortés fuese causa della, e le dio con qué murió. Y lo que se concertó fue que juntamente con el tesorero gobernase

Gonzalo de Sandoval, que era alguacil mayor y persona que se hacía mucha cuenta dél, y hóbolo por bien el tesorero; mas otras personas dijeron que si lo aceto que fue por casar una hija con el Sandoval, y si se casara fuera muy más estimado y por ventura hobiera la gobernación.

Capítulo CXCIV

Cómo vinieron cartas a Cortés de España del cardenal de Sigüenza, don García de Loaisa y de otros caballeros, para que en todo caso se fuese luego a Castilla, y le trujeron nuevas que era muerto su padre, Martín Cortés, y lo que sobrello hizo

Ya he dicho en el Capítulo pasado lo acaescido entre Cortés y el tesorero y el fator y veedor, y Cortés nunca quiso responder a cartas ni a cosa ninguna, y se apercibió para ir a Castilla. Y en aquel instante le vinieron cartas del presidente de Indias, don García de Loaisa, y del duque de Bejar, y de otros caballeros, en que le decían que, como estaba ausente, daban quejas dél ante Su Majestad, y decian en las quejas muchos males y muertes que había hecho dar a los que Su Majestad enviaba, y que fuese en todo caso a volver por su honra, y le trujeron nuevas que su padre, Martin Cortés, era fallescido. Y desque vio las cartas, le peso mucho, ansí de la muerte de su padre como de las cosas que dél decían que había hecho, no siendo asi, y se puso luto, puesto que lo traía en aquel tiempo por la muerte de su mujer doña Catalina Juárez la Marcaida; e hizo gran sentimiento por su padre e las honras lo mejor que pudo; y si mucho deseo tenía de antes de ir a Castilla, desde allí adelante se dio mayor priesa, y acompañado de Gonzalo de Sandoval y de Andrés de Tapia y otros caballeros, se fue a la Veracruz, y en cuarenta y dos días llegó a Castilla. Paresció ser que Gonzalo de Sandoval iba muy doliente, y que fue Dios servido que dende ahí a pocos días de le llevar desta vida. Y Cortés envió correo a Su Majestad, y al cardenal de Sigüenza, y al duque de Béjar, y al conde de Aguilar, y a otros caballeros, e hizo saber había llegado aquel puerto y de cómo Gonzalo de Sandoval había fallescido, e hizo relación de la calidad de su persona y de los grandes servicios que había hecho a Su Majestad, y que fue capitán de mucha estima. Y desque aquellas cartas llegaron ante Su Majestad, rescibió alegría de la venida de Cortés, puesto que le pesó de la muerte del Sandoval. Y otro día, con licencia de Su Majestad, Cortés fue a le besar sus reales pies, y después de demandar licencia para hablar, se arrodilló en el suelo, y Su Majestad le mandó levantar, y le hizo marqués del Valle y le hizo capitán general de la Nueva España y mar del Sur. Cortés siempre echaba intercesores para suplicar a Su Majestad que le diese la gobernación; y Su Majestad respondió que no le hablasen más en aquel caso, porque le había dado un marquesado que tenía más renta de la que el conde Nasao tenía con todo su estado.

Capítulo CXCV

Cómo entretanto que Cortés estaba en Castilla con título de marqués vino la real audiencia a Méjico y en lo que entendió

Pues estando Cortés en Castilla con título de marqués, en aquel instante llegó la Real Audiencia a Méjico, según Su Majestad lo había mandado, y vino por presidente Nuño de Guzmán, que solía estar por gobernador en Pánuco, y cuatro licenciados por oidores; los nombres dellos se decían: Matienzo, y Delgadillo, y un Maldonado, el licenciado Parada. Y traían los mayores poderes que nunca a la Nueva España, y era para hacer el repartimiento perpetuo y anteponer a los conquistadores y hacelles muchas mercedes, porque ansi se lo mando Su Majestad; y luego hacen saber de su venida a todas las ciudades y villas que en aquella sazón estaban pobladas en la Nueva España para que envíen procuradores con las memorias y copias de los pueblos de indios que hay en cada provincia para hacer el repartimiento perpetuo, y en pocos días se juntaron en Mejico los procuradores de todas las ciudades y villas, y aun de Guatimala, y otros muchos conquistadores, y en aquella sazón estaba yo en la ciudad de Méjico por procurador y síndico de la villa de Guazacualco, donde en aquel tiempo era vecino, y como vi lo que el presidente y oidores mandaron, fui en posta a nuestra villa para elegir quién habían de venir por procuradores para hacer el repartimiento perpetuo, y desque llegué hobo muchas contrariedades en elegir los que habían de venir, porque unos vecinos querían que viniesen sus amigos y otros no lo consentían, y por votos hobimos de salir elegidos el capitán Luis Marín e yo. Pues llegados a Méjico demandamos todos los procuradores de las más villas y ciudades que se habían juntado el repartimiento perpetuo, según Su Majestad mandaba.

Capítulo CXCVI

Cómo Nuño de Guzmán supo, por cartas que le vinieron de Castilla, que había mandado Su Majestad que le quitasen de presidente a él y a los oidores, y viniesen otros en su lugar, acordó de ir a pacificar y conquistar la provincia de Jalisco, que agora se dice la Nueva Galicia

Pues como Nuño de Guzmán supo por cartas ciertas que le quitaban el cargo de ser presidente a él y a los oidores, e venían otros oidores, y como en aquella sazón todavía era presidente el Nuño de Guzmán, allegó todos los más soldados que pudo, así de a caballo como escopeteros y ballesteros, para que fuesen con él a la provincia que le dicen de Jalisco, y los que no querían de grado apremiábalos que fuesen de grado o por fuerza. Y fue a la provincia de Mechuacán, que por allí era su camino, y tenían los naturales de aquella provincia, de los tiempos pasados, mucho oro, que aunque era bajo, porquestaba revuelto con plata, le dieron cantidad dello, y porque Cazoncín que era el mayor cacique de aquella provincia, que ansí se llamaba, no le dio tanto oro como le demandaba, le atormentó y quemó los pies, y porque le demandaba indios e indias para su servicio, y por otras trancanillas que le levantaron al pobre cacique, le ahorcó, que fue una de las malas y feas cosas que presidente ni otras personas podían hacer, y todos los que iban en su compañía se lo tuvieron a mal e a crueldad. Sé cierto que Cortés ni el Nuño de Guzmán jamás se hobieron bien, y también sé que siempre se estuvo en aquella provincia el Nuño de Guzmán hasta que Su Majestad mandó que enviasen por él a Jalisco a su costa y le trujesen a Méjico, preso, a dar cuenta de las demandas y sentencias que contra él dieron en la Real Audiencia.

Capítulo CXCVII

Cómo llegó la Real Audiencia a Méjico y lo que se hizo muy justificadamente

Ya he dicho cómo Su Majestad mandó quitar toda la Real Audiencia de Méjico, y se mandó venir otros oidores, y por presidente vino don Sebastián Ramírez de Villaescusa, obispo de Santo Domingo, y cuatro licenciados por oidores: Alonso Maldonado, y Zainos, Vasco de Quiroga, que después fue obispo de Mechuacan, y Salmerón. Y como el Nuño de Guzmán estaba en Jalisco y no quería venir a la Nueva España a dar su residencia, hacen sabidor dello a Su Majestad, y luego enviaron sobrello el Real Consejo de Indias a un licenciado que se decía Fulano de la Torre, para que le tomase residencia en la provincia de Jalisco y le traiga a Méjico. E ya en esta sazón había Su Majestad mandado que viniese a la Nueva España, por visorrey, el ilustrísimo don Antonio de Mendoza, que alcanzó a saber que Su Majestad mandó venir al licenciado de la Torre a tomarle residencia en Jalisco y a echalle preso en la cárcel pública, y por hacelle bien, le envió a llamar que viniese luego a Méjico sobre su palabra. Y en este instante llegó a Méjico el licenciado de la Torre, y como traía mandado de Su Majestad que luego echase preso a Nuño de Guzmán, parece ser no halló tanta voluntad para ello como quisiera, dijo: "Bien parece que no quieren que yo haga justicia a las derechas; mas si no me muero, yo la haré de manera que Su Majestad sepa deste desacato que conmigo se ha hecho". Y dende a pocos días cayó malo, y de calenturas murió. Y luego proveyó del poder la Audiencia Real, juntamente con el virrey, a Francisco Vázquez Coronado, muy íntimo amigo del visorrey, y todo se hizo de la manera quel Nuño de Guzmán quiso en la residencia que le tomaron.

Capítulo CXCVIII

Cómo vino don Hernando Cortés, marqués del valle, de España, casado con la señora doña Juana de Zúñiga y con título de Marqués del Valle y Capitán General de la Nueva España y de la Mar del Sur, y del rescibimiento que se le hizo

Como hacía mucho tiempo que Cortés estaba en Castilla e ya casado, tuvo gran deseo de se volver a la Nueva España, y tomar posesión en su marquesado. Y como supo questaban en el estado que he dicho las cosas en Méjico, se dio priesa para embarcar. Y llegado a Méjico, se le hizo otro rescebimiento; mas no tanto como solía. Y en lo que entendió fue presentar sus provisiones de marqués y hacerse pregonar por capitán general de la Nueva España y de la mar del Sur, y demandar al virrey y a la Audiencia Real que le contasen sus vasallos. De ahí a pocos días se fue desde Méjico a una villa de su marquesado que se dice Cornavaca, hizo allí su asiento, que nunca más lo trujo a la ciudad de Mejico; y demás desto, como dejó capitulado que había de enviar armadas por la mar del Sur a descubrir tierras nuevas adelante, y todo a su costa, comenzó hacer navíos en un puerto de una su villa. Y las armadas que envió nunca tuvo ventura en cosa que pusiese la mano.

Capítulo CXCIX

De los gastos quel marqués don Hernando Cortés hizo en las armadas que envió a descubrir y cómo en todo lo demás no tuvo ventura

En el mes de mayo de mill e quinientos e treinta e dos años, desque Cortés vino de Castilla envió desde el puerto de Acapulco una armada con dos navíos, y envió por capitán general a un Diego Hurtado de Mendoza, para descubrir por la costa del Sur, a buscar islas y tierras nuevas. Y en el viaje se apartaron de su compañía, amotinados, más de la mitad de los soldados que llevaba de un navío, lo cual le pesó mucho a Cortés. Y nunca se oyó decir más de Diego Hurtado ni del navío, ni jamás paresció. Cortés despachó otros dos navíos questaban ya hechos en el puerto de Teguantepeque, y por capitán general a Diego Becerra de Mendoza, y fue en el otro navío por capitán un Hernando de Grijalva, y por piloto mayor Ortuño Jiménez, gran cosmógrafo. Y después que salieron del puerto de Teguantepeque, a la primera noche se levantó un viento contrario que apartó los dos navíos el uno del otro, que nunca más se vieron. Y en esto que he dicho pararon viajes y descubrimientos quel marqués hizo, y aun le oí decir muchas veces que había gastado en las armadas sobre trecientos mill pesos de oro. Y para que Su Majestad le pagase alguna cosa dello, y sobre el contar de los vasallos, determinó ir a Castilla, e para demandar a Nuño de Guzmán cierta cantidad de pesos oro de los que la Real Audiencia le hobo sentenciado que pagase de cuando le mandó vender sus bienes, porque en aquel tiempo el Nuño de Guzmán fue preso a Castilla; e si miramos en ello, en cosa ninguna tuvo ventura después que ganamos la Nueva España.

Capítulo CC

Cómo en Méjico se hicieron grandes fiestas y banquete y alegría de las paces del cristianisimo emperador nuestro señor, de gloriosa memoria, con el rey don Francisco de Francia, cuando las vistas de sobre Aguas Muertas

En el año de treinta y ocho vino nueva a Méjico quel cristianísimo emperador nuestro señor, de gloriosa memoria, fue a Francia, y el rey de Francia, don Francisco, le hizo gran rescibimiento en un puerto que se dice Aguas Muertas, donde se hicieron paces y se abrazaron los reyes con grande amor, estando presente madama Leonor, reina de Francia, mujer del mismo rey don Francisco y hermana del emperador de gloriosa memoria, nuestro señor. E por honra e e allegrías dellas, el virrey don Antonio de Mendoza, e el marqués del Valle, y la Real Audiencia, y ciertos caballeros conquistadores hicieron grandes fiestas, y fueron tales, que otras como ellas no las he visto hacer en Castilla. Y desque se acabaron de hacer las fiestas mandó el marques apercibir navíos y matalotajes para ir a Castilla a suplicar a Su Majestad que le mandase pagar algunos pesos de oro de los muchos que había gastado en las armadas que envió a descubrir y porque tenía pleitos con Nuño de Guzmán; y entonces Cortés me rogóo a mí que fuese con él. Y luego me embarqué y fui a Castilla, y el marqués no fue de ahí a dos meses, porque dijo que no tenía tanto oro como quisiera llevar y porquestaba malo del empeine del pie, esto fue en el año de quinientos y cuarenta. Y los señores del Real Consejo de Indias, desque supieron que Cortés llegaba cerca de Madrid, le mandaron salir a rescebir y le señalaron por posada las casas del comendador Juan de Castilla, y desde entonces nunca más volvió a la Nueva España, porque le tomaron residencia y Su Majestad no le quiso dar licencia para que se volviese a la Nueva España.

Capítulo CCI

Cómo el virrey don Antonio de Mendoza envió tres navíos a descubrir por la banda del sur en busca de Francisco Vázquez Coronado, y le envió bastimentos y soldados creyendo que estaba en la conquista de la Zibola

El virrey don Antonio de Mendoza y la Real Academia de Méjico enviaron a descubrir las Siete Ciudades, que por otro nombre se llama Zibola, y fue por capitán general Francisco Vázquez Coronado, que se había casado con la hija del tesorero Alonso de Estrada, y en aquel tiempo estaba el Francisco Vázquez por gobernador de Jalisco, porque a Nuño de Guzmán ya lo habían quitado. Pues partido por tierra con muchos soldados de caballo, y después desde ciertos meses que hobo llegado a las Siete Ciudades, vieron los campos tan llanos y llenos de vacas y toros disformes de los nuestros de Castilla, que les paresció que sería bien volver a la Nueva España para dar relación al virrey don Antonio de Mendoza que enviase navíos por la costa del Sur con herraje y tiros y pólvora y ballestas y armas de todas maneras, y a esta causa envió tres navíos, y fue por capitán general un Hernando de Alarcón, maestresala que fue del mismo virrey.

Capítulo CCII

De una muy grande armada que hizo el adelantado don Pedro de Alvarado en el año de quinientos y treinta y siete.

Razón es que se traiga a la memoria y no quede por olvido una buena armada quel adelantado don Pedro de Alvarado hizo en el año de mill e quinientos y treinta y siete en la provincia de Guatimala, donde era gobernador, y fue para cumplir cierta capitulación que ante Su Majestad hizo la segunda vez que volvió Castilla y vino casado con una señora que se decía doña Beatriz de la Cueva: y fue el concierto que se capituló con Su Majestad quel adelantado pusiese ciertos navíos y pilotos y bastimentos y todo lo que hubiese menester a su costa para descubrir por la vía del Poniente a la China o Malucos y otros cualesquier islas de la Especeria; y para lo que descubriese, Su Majestad le prometió en las mesmas tierras que le haria ciertas mercedes y daría renta en ellas.

Capítulo CCIII

De lo quel marqués hizo desque estuvo en Castilla

Como Su Majestad volvió a Castilla, e hizo la grande armada para ir sobre Argel, lo fue a servir en ella el marqués del Valle, y llevó en su compañía a su hijo el mayorazgo, el que heredó el estado; llevó también a don Martín Cortés, el que hobo con doña Marina, y se embarcó en una buena galera en compañía de don Enrique Enríquez; y como Dios fue servido hobiese tan recia tormenta que se perdió mucha parte de la real armada, también dio al través la galera en que iba Cortés y sus hijos, los cuales escaparon, y todos lo más caballeros que en ella iban. Volvieron a Castilla de aquella trabajosa jornada; y cómo el marqués estaba ya muy cansado, deshecho e quebrantado, deseaba volverse a la Nueva España si le dieran licencia, y como había enviado a Méjico por su hija la mayor, doña Maria Cortés, que tenía concertado de la casar con don Alvaro Pérez Osorio, hijo del marqués de Astorga, vino a recibilla a Sevilla, y este casamiento se desconcertó por culpa del don Alvaro Pérez Osorio, de lo cual el marqués recibió tan grande enojo, que de calenturas que tuvo recias estuvo muy al cabo, y andando con su dolencia, que siempre iba empeorando, se fue a Castilleja de la Cuesta, para ordenar su testamento; y después que lo hobo ordenado como convenía y haber rescibido los Santos Sacramentos, fue Nuestro Señor Jesucristo servido llevalle desta trabajosa vida, y murió en dos días del mes de diciembre de mill y quinientos y cuarenta y siete años. Y llevóse su cuerpo a enterrar en la capilla de los duques de Medina Sedonia; y después fueron traídos sus huesos a la Nueva España porque ansí lo mandó en su testamento.

Capítulo CCIV

De los valerosos capitanes y fuertes y esforzados soldados que pasamos desde la isla de Cuba con el venturoso e animoso don Hernando Cortés, que después de ganado Méjico fue marqués del valle y tuvo otros ditados

Primeramente el marqués don Hernando Cortés; murió en Sevilla. Y pasó don Pedro de Alvarado, fue comendador de Santiago y gobernador de Guatimala; murió en Jalisco. Y pasó un Gonzalo de Sandoval, que fue capitán y alguacil mayor en Méjico, y gobernador cierto tiempo en la Nueva España. Y pasó un Cristóbal de Olí, esforzado capitán y maestre de campo, murió en Naco degollado por justicia. Y pasó Juan Velázquez de León; murió en las puentes. Y pasó don Francisco de Montejo, que fue adelantado y gobernador de Yucatán; murió en Castilla. Y pasó Luis Marín, capitán que fue en lo de Méjico. Pasó un Pedro de Ircio, fue capitán en el real de Sandoval. Y pasó Andrés de Tapia; murió en Méjico. Pasó un Joan de Escalante, capitán en la Villa Rica; murió en poder de indios. Y también pasó un Alonso de Ávila; capitán y primer contador en la Nueva España. Pasó un Francisco de Lugo, capitán de entradas. Y pasó un Andrés de Monjaraz, capitán que fue en lo de Méjico. Y pasó un Diego de Ordaz, capitán que fue comendador de Santiago; murió en el Marañón. Y pasaron cuatro hermanos de don Pedro de Alvarado, que se decían Jorge de Alvarado, capitán en lo de Méjico y en lo de Guatimala; murió en Madrid, y el otro su hermano, Gonzalo de Alvarado, murió de su muerte en Guaxaca; Gómez de Alvarado murió en el Perú, y el Joan de Alvarado murió en la mar yendo a la isla de Cuba. Pasó un Juan Jaramillo; Cristóbal Flores; Cristóbal Martín de Gamboa; un Caicedo;

Francisco de Saucedo; Gonzalo Domínguez, murió en poder de indios; Fulano Morón, murió en poder de indios; un Alonso Hernández Puerto Carrero, primo del conde de Medellín. También me quiero yo poner aquí en esta relación a la postre de todos; mi nombre es Bernal Díaz del Castillo, e soy vecino e regidor de la ciudad de Santiago de Guatimala, e natural de Medina del Campo, hijo de Francisco Díaz del Castillo; e doy muchas gracias e loores a Nuestro Señor Jesucristo e a Nuestra Señora la Virgen Sancta María, que me ha guardado, para que agora se descubran nuestros heroicos hechos y quiénes fueron los valerosos capitanes y fuertes soldados que ganamos esta parte del Nuevo Mundo y no se refiera la honra de todos a un solo capitán.

Capítulo CCV

De las estaturas y proporciones que tuvieron ciertos capitanes y fuertes soldados, y de qué edades serían cuando venimos a conquistar la Nueva España

Del marqués don Hernando Cortés ya he dicho de su edad y proporciones de su persona, y qué condiciones tenía. También he dicho del capitán Cristóbal de Olí. Pedro de Alvarado sería de obra de treinta y cuatro años; fue de muy buen cuerpo y bien proporcionado, y tenía el rostro y cara muy alegre. El adelantado don Francisco de Montejo fue de mediana estatura, y el rostro alegre, y sería de treinta y cinco años. E el capitán Gonzalo de Sandoval sería cuando acá paso de hasta veinte e cuatro años. El tesorero Alonso de Estrada era del cuerpo y estatura no muy alto, sino bien proporcionado y membrudo. Juan Velázquez de León, tenía treinta y seis años; era de buen cuerpo y bien proporcionado. Diego de Ordaz sería de edad de cuarenta años; era de buena estatura e membrudo. El capitán Luis Marín fue de buen cuerpo e membrudo; sería de hasta treinta años. El capitán Pedro de Ircio era de mediana estatura y paticorto. Alonso de Ávila era de buen cuerpo y rostro alegre; sería de hasta treinta y tres años. Andrés de Tapia sería de obra de veinte e cuatro años; era de la color el rostro algo ceniciento y no muy alegre. Pánfilo de Narváez era de parecer de obra de cuarenta años e alto de cuerpo y de recios miembros. Si hubiera describir todas las faiciones e proporciones de todos nuestros capitanes e fuertes soldados que pasamos con Cortés era gran prolijidad.

Capítulo CCVI

De las cosas que aquí van declaradas cerca de los méritos que tenemos los verdaderos conquistadores, las cuales serán apacibles de las oír

Ya he recontado los soldados que pasamos con Cortés y dónde murieron; éramos todos hijosdalgo, aunque algunos no pueden ser de tan claros linajes, porque vista cosa es que en este mundo no nascen todos los hombres iguales, ansí en generosidad como en virtudes. Dejando esta plática aparte, a más de nuestras antiguas noblezas con heroicos hechos y grandes hazañas que en las guerras hicimos, nos ilustramos mucho más que de antes; y también he notado que algunos de aquellos caballeros que entonces subieron a tener títulos de estados y de illustres no iban a las tales guerras, ni entraban en las batallas sin que primero les pagasen sueldos y salarios, y les dieron villas y castillos y grandes tierras perpetuos y privilegios con franquezas. He traído esto aquí a la memoria para que se vean nuestros muchos y buenos y notables servicios que hecimos al rey nuestro señor y a toda la cristiandad, y se pongan en una balanza y medida cada cosa en su cantidad, y hallarán que somos dinos y merecedores de ser puestos y remunerados. Miren los curiosos letores con atención esta mi relación y verán en cuántas batallas me he hallado desque vine a descubrir, con grandes peligros y trabajos ansí de hambres y sed y infinitas fatigas que suelen recrecer a los que semejantes descubrimientos van a hacer en tierras nuevas.

Capítulo CCVII

Como los indios de toda la Nueva España tenían muchos sacrificios y torpedades, y se los quitamos y les impusimos en las cosas santas de buena dotrina

Pues he dado cuenta de cosas que se contienen, decir bien es los bienes que se han hecho ansí para el servicio de Dios y de Su Majestad con nuestras illustres conquistas, aunque fueron tan costosas de las vidas de todos los más de mis compañeros. Quiero comenzar a decir de los sacrificios que hallamos por las tierras y provincias que conquistamos, porque mataban cada un año, solamente en Méjico y ciertos pueblos que están en la laguna sus vecinos, según se halló por cuenta que dello hicieron religiosos franciscos, sobre dos mill personas chicas y grandes; pues en otras provincias, a esta cuenta mucho más serían. Tenían por costumbre que se sacrificaban las frentes y las orejas, lenguas y labios, los pechos y brazos y molledos, y las piernas y aun sus naturas. Los adoratorios, que son "cues", que así los llaman entre ellos, me parece que eran casi que al modo como tenemos en Castilla y en cada ciudad nuestras santas iglesias y parroquías y ermitas y humilladeros, así tenían en esta tierra de la Nueva España. Tenían en todos los pueblos cárceles de madera gruesa, como jaulas, y en ellas metían a engordar muchos indias e indios, y estando gordos los sacrificaban y comían, y demás desto las guerras que se daban unas provincias y pueblos a otras, y los que captivaban y prendían los sacrificaban y comían. Y tenían otros muchos vicios y maldades, y todas estas cosas quiso Nuestro Señor Jesucristo que con su santa ayuda se lo quitamos y les pusimos en buena policía, y les enseñamos la santa dotrina.

Capítulo CCVIII

Cómo pusimos en muy buenas y santas dotrinas a los indios de la Nueva España, y de su conversión, y de cómo se bautizaron y volvieron a nuestra santa fe, y les enseñamos oficios que se usan en Castilla y a tener y guardar justicia

Después de quitadas las idolatrías y todos los malos vicios que usaban, quiso Nuestro Señor Dios que con su santa ayuda se han bautizado desque lo conquistamos todas cuantas personas había, ansí hombres como mujeres e niños que después han nacido. Y demás desto con los santos sermones que les hacen el santo Evangelio está muy bien plantado en sus corazones; y demás desto tienen sus iglesias muy ricamente adornadas de altares, y en algunos pueblos hay órganos, y en todos los más tienen flautas y chirimías y sacabuches. Otra cosa buena tienen: que así hombres como mujeres y niños que son de edad para lo deprender, saben todas las santas oraciones en sus mismas lenguas que son obligados a saber, y tienen otras buenas costumbres, que cuando pasan cabe un santo altar o cruz abajan la cabeza con humildad, se hincan de rodillas y dicen la operación del "Pater noster". Pasemos adelante y digamos cómo todos los más indios naturales destas tierras han deprendido muy bien todos los oficios que hay en Castilla, y tienen sus tiendas de los oficios y obreros, y los plateros de oro y de plata son muy extremados oficiales, y los entalladores hacen tan primas obras con sus sotiles alegras de hierro, que si no las hobiese visto no pudiera creer que indios lo hacían. Y muchos hijos de principales saben leer y escrebir y componer libros de canto llano; y hay oficiales de tejer raso y tafetán y hacer paños de lana, aunque sean veintecuatreños; solos dos oficios no han podido entrar en ellos y aunque lo han procurado, ques hacer el vidrio y ser boticarios; mas yo los tengo de tan buenos ingenios, que lo deprenderán muy bien, porque algunos dellos son cirujanos y herbolarios, y saben jugar de mano y hacer títeres, y hacen vihuelas muy buenas. Cada año eligen sus alcaldes ordinarios y regidores y escribanos y alguaciles y fiscales y mayordomos, y hacen justicia con tanto primor y autoridad como entre nosotros, y se precian e desean saber mucho de las leyes del reino.

Capítulo CCIX

De otras cosas y proyectos que se han seguido de nuestras ilustres conquistas y trabajos

Ya habrán oído en los Capítulos pasados todo lo por mí recontado acerca de los bienes y provechos que se han hecho en nuestras ilustres e santas hazañas y conquistas. Diré agora que despues quel sabio rey Salomón fabricó e mandó hacer el santo templo de Jerusalén con el oro y plata que le trujeron de las islas de Tarsis, Ofir y Saba, no se ha oído en ninguna escritura antigua que más oro y plata y riquezas hayan ido cotidianamente a Castilla que destas tierras; y antepongo a la Nueva España, porque que en las cosas acaecidas del Perú siempre los capitanes y gobernadores y soldados han tenido guerras ceviles, y todo revuelto en sangre y en muertes de muchos soldados bandoleros, y en esta Nueva España siempre tenemos y ternemos para siempre jamás el pecho por tierra. Y demás desto miren los curiosos letores qué de ciudades, villas y lugares questán pobladas en estas partes de españoles; tengan atencion a los obispados que hay; miren las santas iglesias catredales, y los monasterios donde hay frailes dominicos, como franciscos y mercenarios y agustinos, y miren qué hay de hospitales, y la santa iglesia de Nuestra Señora de Guadalupe, y miren los santos milagros que ha hecho y hace de cada día. Y también tengan cuenta cómo en Méjico hay Colegio universal donde se estudian y deprenden gramática y teología e retórica e lógica y filosofía y otras artes y estudios, e hay moldes y maestros de imprimir libros, y se gradúan de licenciado y dotores; y otras muchas grandezas y riquezas, ansí de minas ricas de plata.

Capítulo CCX

Cómo el año 1550, estando la corte en Valladolid, se juntaron en el Real Consejo de Indias ciertos perlados y caballeros que vinieron a la Nueva España y del Perú por procuradores, y olroshidalgos que se hallaron presentes para dar orden que se hiciese el repartimiento perpetuo. Y lo que en la junta se hizo y platicó es lo que diré

En el año de mill e quinientos y cincuenta vino del Perú el licenciado de la Gasca, y entonces se juntaron en la corte don fray Bartolomé de las Casas, y don Vasco de Quiroga, y otros caballeros que vinieron por procuradores de la Nueva España y del Perú, y ciertos hidalgos que venían a pleitos ante su Majestad, que todos se hallaron en aquella sazón en la corte, y me mandaron llamar como a conquistador más antiguo de la Nueva España, para suplicar a Su Majestad que fuese servido hacernos mercedes para que mandase hacer el repartimiento perpetuo. Y sobre ello hobo muchas pláticas y alegaciones, y dijimos que mirasen los muchos y grandes servicios que hecimos a Su Majestad y a toda la cristiandad; y no aprovechamos cosa ninguna con los señores del Real Consejo de lndias y con el obispo fray Bartolomé de las Casas y fray Rodrigo, su compañero, y con el obispo de las Charcas, don fray Martín, y dijeron que en viniendo Su Majestad de Augusta se proveería de manera que los conquistadores serían muy contentos; y ansí se quedó por hacer.

Capítulo CCXI

De otras pláticas y relaciones que aqui van declaradas, que serán notables y agradables de oír

Como acabé de sacar en limpio esta mi relación, me rogaron dos licenciados que se la emprestase para saber muy extenso las cosas que pasaron en las conquistas de Méjico y Nueva España y ver en qué diferían lo que tienen escrito los coronistas Francisco López de Gomara y el doctor Illescas acerca de las heroicas hazañas que hizo el marqués del Valle. Y les dije que no tocasen en enmendar cosa ninguna de las conquistas ni poner ni quitar, porque todo lo que yo escribo es muy verdadero; y desque lo hubieron visto y leído los dos licenciados a quien se la empresté, y el uno dellos muy retórico y tal presunción tiene de sí mismo, y después de la sublimar y alabar la gran memoria que tuve para no se me olvidar cosa ninguna de todo lo que pasamos, me dijeron que les paresce que me alabo mucho de mí mismo en lo de las batallas, y que otras personas lo habían de decir y escribir primero que no yo. En blanco nos quedábamos si agora yo no hiciera esta verdadera relacion. Bien puedo yo decir que me cabe parte desta loa y blasón, pues le ayudé a Cortés hacer aquellos leales servicios. Quiero poner aquí una comparación, y aunque es la una muy alta y otra de un soldado como yo. Digo que me hallé en esta Nueva España en más batallas peleando que se halló el gran emperador Julio César, e cuando tenía espacio escrebía sus heroicas hazañas, que él mismo quiso escribir por su mano. No es mucho que yo agora en esta relación diga las batallas de mí mismo. Si yo quitase su honor y estado a otros valerosos soldados que se hallaron en las mismas guerras y lo atribuyese a mi persona, mal hecho sería y ternía razón de ser reprendido; mas si digo la verdad y lo atestigua Su Majestad y su virrey, e marqués y testigos y probanza, y más la relación da testimonio dello, ¿por qué no lo diré? ¿Quisieran que lo digan las nubes o los pájaros que en aquellos tiempos pasaron por alto?

Memoria de las batallas y encuentros en que me he hallado

En la punta de Cotoche, cuando vine con Francisco Hernández de Cordoba, primer descubridor, en una batalla.

En otra batalla, en lo de Chanpoton, cuando nos mataron cincuenta y siete soldados y salimos todos heridos, en compañía del mesmo Francisco Hernández de Córdoba.

En otra batalla cuando íbamos a tomar agua en la Florida, en compañía del mesmo Francisco Hernández.

En otra, cuando lo de Juan de Grijalba, en lo mismo de Chanpoton.

Cuando vino el muy valeroso y esforzado capitán Hernando Cortés, en dos batallas. en lo de Tabasco, con el mesmo Cortés. Otra en lo Zingapacinga, con el mesmo Cortés.

Más en tres batallas que hobimos en lo de Tascala, con el mesmo Cortes.

La de Chulula, cuando nos quisieron matar y comer nuestros cuerpos, y no la cuento por batalla.

Otra, cuando vino el capitán Pánfilo de Narváez desde la isla de Cuba con mill e cuatrocientos soldados, ansi a caballo como escopeteros y ballesteros y con mucha artillería y nos venía a prender y a tomar la tierra por Diego Velázquez, y con docientos y sesenta y seis soldados le desbaratamos y prendimos al mesmo Narváez y a sus capitanes, e yo soy uno de los sesenta soldados que mandó Cortés que arremetiésemos a tomarles el artillería, que fue la cosa de más peligro, lo cual está escrito en el Capítulo que dello habla.

Más tres batallas muy peligrosas que nos dieron en Méjico, yendo por los puentes y calzadas, cuando fuimos al socorro de

Pedro de Alvarado, cuando salimos huyendo, porque de mill y trecientos soldados que fuimos con Cortés y con los mesmos de Pánfilo de Narváez al socorro que ya he dicho, que todos los más murieron en las mismas puentes, y fueron sacrificados y comidos por los mesmos indios.

Otra batalla muy dudosa, que se dice la de Otumba, con el mesmo Cortés.

Otra, cuando fuimos sobre Tepeaca, con el mesmo Cortés. Otra, cuando fuimos a correr los alrededores de Cachula.

Otra, cuando fuimos a Tezcuco y nos salieron al encuentro los mejicanos y de Tezcuco, con el mesmo Cortés.

Otra, cuando fuimos con Cortés a lo de Iztapalapa, que nos quisieron ahogar.

Otras tres batallas, cuando fuimos con el mesmo Cortés a rodear todos los pueblos grandes alrededor de la laguna, y me hallé en Suchimilco en las tres batallas que dicho tengo, y bien peligrosas, cuando derrocaron los mejicanos a Cortés del caballo y le hirieron y se vio bien fatigado.

Más otras dos batallas en los Peñoles que llaman de Cortes, y nos mataron nueve soldados y salimos todos heridos por mala consideracion de Cortes.

Otra, cuando me envio Cortés con muchos soldados a defender las milpas, que eran de los pueblos nuestros amigos, que nos tomaban los mejicanos.

Demás de todo esto, cuando pusimos cerco a Méjico, en noventa e tres días que lo tuvimos cercado me halle en más de ochenta batallas, porque cada día teníamos sobre nosotros gran multitud de mejicanos; hagamos cuenta que serán ochenta.

Después de conquistado Méjico me hallé en la provincia de Cimatlán, que es ya tierra de Guazacualco, en dos batallas; salí de la una con tres heridas, en compañía del capitán Luis Marín.

En las sierras de Cipotecas y Mínguez me hallé en dos batallas, con el mesmo Luis Marín.

En lo de Chiapa, en dos batallas, con los mesmos chiapanecas y con el mesmo Luis Marín.

Otra en lo de Chamula con el mesmo Luis Marín.

Otra, cuando fuimos a las Higueras con Cortés, en una batalla que hobimos en un pueblo que se dice Culaco; allí mataron mi caballo.

E después de vuelto a la Nueva España de lo de Honduras e Higueras, que ansí se nombra, volví a ayudar a traer de paz las provincias de los Cipotecas y Minges y otras tierras, y no cuento las batallas ni rencuentros que con ellas tuvimos, aunque había bien que decir, ni en los rencuentros que me hallé en esta provincia de Guatemala, porque ciertamente no era gente de guerra, sino de dar voces y gritos y ruido y hacer hoyos y en barrancos muy hondos, y aun con todo esto me dieron un flechazo en una barranca, entre Petapa y Joana Gasapa, porque allí nos aguardaron. Y en todas estas batallas que he recontado que me hallé se hallaron el valeroso capitán Cortés y todos sus capitanes y esforzados soldados, que allí murieron todos los más, puesto que otros murieron en lo de Pánuco, que yo no me hallé en ello, y en Colima y en Cacatula, que tampoco me hallé en ello, y en Colima y en Cacatula, que tampoco me hallé en lo de Mechuacán. Todas aquellas provincias vinieron de paz, y también en lo de Tutultepeque, y en lo de Jalisco, que llaman la Nueva Galicia, que también vino de paz; ni en toda la costa del Sur no me hallé, porque harto teniamos con qué entender en otras partes, y como la Nueva España es tan grande, no podíamos ir todos los soldados juntos a unas partes ni a otras, sino que Cortés enviaba a conquistar lo que estaba de guerra. Y para que claramente se conozca dónde mataron los más españoles, lo diré pasos por pasos en las batallas y reencuentros de guerras:

En la punta de Cotoche y en lo de Champoton, cuando vine con Francisco Hernández, primer descubridor, en dos batallas nos mataron cincuenta y ocho soldados, que son más de la mitad de los que veníamos.

En otra batalla, en lo de la Florida, cuando íbamos a tomar agua, nos llevaron vivo a un soldado; salimos todos heridos.

En otra, cuando los de Joan de Grijalba, en lo del mesmo Chanpoton, diez soldados, y el capitán salio bien herido y quebrados dos dientes.

Cuando vino el muy valeroso y esforzado capitán Hernando Cortés, en dos batallas en lo de Tabasco, con el mesmo Cortés, murieron seis o siete soldados.

En tres batallas que hobimos en lo de Tascala, bien dudosas y peligrosas, murieron cuatro soldados.

Otra, cuando vino el capitán Narváez desde la isla de Cuba con mill e cuatro soldados, ansí a caballo como escopeteros y ballesteros, y nos venía a prender y tomar la tierra por Diego Velázquez, y con docientos y sesenta y seis soldados les desbaratamos y prendimos al mismo Narváez y a sus capitanes, y con el artillería que tenía puesta el Narváez contra nosotros mató cuatro soldados.

Más en tres batallas muy peligrosas que nos dieron en Méjico, y en las puentes y calzadas, y en la de Otumba, cuando fuimos al socorro de Pedro de Alvarado y salimos huyendo de Méjico, de mill y trecientos soldados, contados con los mesmos de Narváez, que fuimos con Cortes, en nueve días que nos dieron guerra no quedamos de todos vivos sino cuatrocientos y sesenta y ocho, que todos los más murieron en las mesmas puentes, y fueron sacrificados y comidos de los indios, y todos los más salimos heridos. A Dios misericordia.

Otra batalla, cuando fuimos sobre Tepeaca con el mesmo Cortés, nos mataron dos soldados.

Otra, cuando fuimos a correr los derredores de Cachula y Tecomachalco, murieron otros dos españoles.

Otra, cuando fuimos a Tezcuco y nos salieron al encuentro los mejicanos y los de Tezcuco, con el mesmo Cortés, nos mataron un soldado.

Otra, cuando fuimos con Cortés a lo de Iztapalapa, que nos quisieron anegar, murieron dos o tres de las heridas, que no me acuerdo bien cuántos fueron.

Otras tres batallas, cuando fuimos con el mesmo Cortés a todos los pueblos grandes questán alrededor de la laguna, y estas tres batallas fueron bien peligrosas, porque derrocaron los mejicanos a Cortés del caballo, y le hirieron, y se vio bien fatigado, y esto fue en lo de Suchimilco, y murieron ocho españoles.

Otras dos batallas en los Peñoles que llaman de Cortés, y nos mataron nueve soldados, y salimos todos heridos por mala consideración de Cortés.

Otra, cuando me envio Cortés con muchos soldados a defender las milpas del maíz que les tomaban los mejicanos, las cuales eran de nuestros amigos de Tezcuco; murió un español, dende a nueve días, de las heridas.

Y demás de todo esto que arriba he declarado, cuando posimos cerco a Méjico, en noventa y tres días que le tuvimos cercado me hallé en más de ochenta batallas, porque cada día teníamos, desde que amanecia hasta que anochescía, sobre nosotros gran multitud de guerreros mejicanos que nos daban guerra; murieron por todos los soldados que en aquellas batallas nos hallamos: de los de Cortés, sesenta y tres; de Pedro de Alvarado, nueve; de Sandoval, seis; hagamos cuenta que fueron ochenta batallas que nos dieron en noventa e tres días.

Después de conquistado Mejico me hallé en la provincia de Cimatlán, ques tierra de Guazacualco, en dos batallas, y en ellas nos mataron tres soldados en compañía del capitán Luis Marín.

Otra, en las sierras de los Cipotecas y Minges, que son muy altas y no hay caminos; en dos batallas con el mesmo Luis Marín, nos mataron dos soldados.

En la provincia de Chiapa, en dos batallas bien peligrosas con los mesmos chiapanecos y en compañía del mesmo Marín, nos mataron dos soldados.

Otra batalla en lo de Chamula, en compañía del mesmo Luis Marín, murió un soldado de las heridas.

Otra, cuando fuimos a las Higueras e Honduras con Cortés, en una batalla con un pueblo que se decia Culaco mataron a un soldado.

E ya he declarado en las batallas que me hallé los que en ellas murieron, e no cuento lo de Pánuco, porque no me hallé en ellas; mas fama muy cierta es que mataron de los de Garay y de otros nuevamente venidos de Castilla más de trecientos soldados de los que llevó Cortés a pacificar aquella provincia como de los que llevo Sandoval cuando se volvieron a alzar; y en la que llamamos de Almería, yo no me hallé en ella; mas sé cierto que mataron al capitán Joan de Escalante y a siete soldados. También digo que en lo de Colima, y Cacatula, y Michoacán, y Jalisco, y Tututepeque mataron ciertos soldados. Olvidado se me había de escrebir de otros sesenta y seis soldados y tres mujeres de Castilla que mataron los mejicanos en un pueblo que se dice Tustepeque, y quedaron en aquel pueblo creyendo que les habían de dar de comer, porque eran de los de Narváez y estaban dolientes, y para que bien se entienda los nombres de los pueblos, uno es Tustepeque Norte, y otro es Tututepeque, en la costa del Sur, y esto digo porque no me argullan que voy errado, que pongo a un pueblo dos nombres. También dirán agora ques gran prolijidad lo que escribo acerca de poner en una parte las batallas en que me hallé y tornar a referir los que murieron en cada batalla, que lo pudiera senificar de una vez. También dirán los curiosos letores que cómo pude yo saber los que murieron en cada parte en las batallas que tuvieron. A esto digo que es muy bueno y claro dallo a entender; pongamos aquí una comparación: hagamos cuenta que sale de Castilla un valeroso capitán y va a dar guerra a los moros y turcos; va otras batallas de contrarios y lleva sobre veinte mill soldados; después de asentado su real envía un capitán con soldados a tal parte, y otro a otra parte, y va con ellos por capitán; despues que ha dado las batallas y recuentros, que vuelve con su gente al real, tienen cuenta de los que murieron en la batalla y están heridos y quedan presos; ansi, cuando íbamos con el valeroso Cortés, íbamos todos juntos y en las batallas sabíamos los que quedaban muertos y volvían heridos, y ansimismo de otros que enviaron a otras provincias, y ansí no es mucho que yo tenga memoría de todo lo que dicho tengo y lo escriba tan claramente. Dejemos esta parte.

BERNAL DÍAZ DEL CASTILLO

(Rúbrica)

Acabóse de sacar esta historía en Guatemala a 14 de noviembre de 1605 años.

Capítulo CCXII

Por qué causa en esta Nueva España se herraron muchos indios e indias por esclavos, y la relación que sobrello doy

Hanme preguntado, ciertos religiosos que les dijese y declarase por qué causa se herraron muchos indios y indias por esclavos en toda la Nueva España, si los herramos sin hacer dello relación a Su Majestad. A esto dije, y aun digo agora, que Su Majestad lo envió mandar dos veces. Cortés acordó con todos nuestros capitanes y soldados que hiciésemos relación de todas nuestras conquistas a la Real Audiencia y frailes jerónimos questaban por gobernadores en la isla de Santo Domingo, y les enviamos a suplicar diesen licencia para que de los indios mejicanos y naturales de los pueblos que se habían alzado y muerto espanoles, que se los tornásemos a requerir tres veces que vengan de paz, y que si no quisiesen venir y diesen guerra, que les pudiésemos hacer esclavos y echar un hierro en la cara, que fue como ésta. Y lo que sobrello proveyeron la Real Audiencia y los frailes jerónimos fue dar la licencia conforme a una provisión, con ciertos Capítulos de la orden que se había de tener para les echar el hierro por esclavos, y de la misma manera que nos fue enviado a mandar por su provisión se herraron en la Nueva España, y demás desto que dicho tengo, la misma Real Audiencia y frailes jerónimos lo enviaron a hacer saber a Su Majestad cuando estaba en Flandes, y lo dio por bien.

Capítulo CCXIII

De los gobernantes que ha habido en la Nueva España hasta el año de quinientos y sesenta y ocho

El primer capitán y gobernador fue el valeroso e buen capitán Hernando Cortés, que después el tiempo andando fue marqués del Valle, y luego fue a las Higueras y dejó por gobernadores al tesorero Alonso de Estrada, y en su compañía al contador Rodrigo de Albornoz. Y luego gobernaron al fator Gonzalo de Salazar, y en su compañía el veedor Peralmírez Chirinos. Vino de Castilla por gobernador un licenciado que se decía Luis Ponce de León, y al fallescer quedó su poder a un licenciado que se decía Marcos de Aguilar. Después gobernó otra vez el tesorero Alonso de Estrada, y juntamente con él, Gonzalo de Sandoval. Después vino un Nuño de Guzmán, luego vino por presidente don Sebastián Ramírez de Villaescusa. En aquel tiempo mandó Su Majestad que viniese por visorrey y presidente de la Nueva España don Antonio de Mendoza, hermano del marqués de Mondéjar. Luego vino en su lugar por visorrey don Luis de Velasco, y dicen que tuvo el cargo de virrey y gobernador diez y seis años, a cabo de los cuales falleció. Después mandó Su Majestad venir por visorrey a un caballero que se decía don Gastón de Peralta, marqués de Falces. Y he dicho lo mejor que he podido de todos los gobernadores que ha habido en toda esta provincia de la Nueva España.

Índice

Esta obra se terminó de imprimir
en los talleres de: DIVERSIDAD GRAFICA S.A. DE C.V,
Privada de Av. 11 # 4-5, Col. El Vergel, Del. Iztapalapa, C.P. 09880,
México, D.F. 5426-6386, 2596-8637.